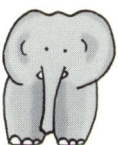

In Afrika ist immer August

Gott hat uns alle gratis erschaffen

Schulaufsätze
neapolitanischer Kinder

Herausgegeben von
Marcello D'Orta

Aus dem Italienischen von
Linde Birk

Bechtermünz

Titel der Originalausgaben:
Io speriamo che me la cavo
Dio ci ha creato gratis
Originalverlag: Arnoldo Mondadori Editore S.p.A.,
Mailand

Genehmigte Lizenzausgabe
für Weltbild Verlag GmbH, Augsburg

In Afrika ist immer August
Copyright © 1990 by Arnoldo Mondadori Editore S.p.A., Mailand
Copyright © 1991 by Diogenes Verlag AG Zürich
Alle deutschen Rechte vorbehalten

Gott hat uns alle gratis erschaffen
Copyright © 1992 by Arnoldo Mondadori Editore S.p.A., Mailand
Copyright © 1993 by Diogenes Verlag AG Zürich
Alle deutschen Rechte vorbehalten

Umschlaggestaltung: Renate Lehmacher, Friedberg/Bay.
Umschlagillustration: Andreas Rödig, Büro Lehmacher
Gesamtherstellung: Ebner Ulm
Printed in Germany
ISBN 3-8289-6905-4

2003 2002 2001 2000

Die letzte Jahreszahl gibt die
aktuelle Lizenzausgabe an.

In Afrika
ist immer
August

Mit einem Nachwort
von Luciano De Crescenzo

Vorwort

Wie viele Schulaufsätze mag ich in den über zehn Jahren als Grundschullehrer in einer Vorstadt Neapels gelesen haben? Schwer zu sagen, ich habe sie nie gezählt. Doch kann ich mich an die meisten noch sehr gut erinnern, denn so ordentlich oder unordentlich, traurig, lustig oder gar polemisch sie waren, sagten sie doch immer etwas aus, und nicht selten war es bemerkenswert.

Daher habe ich auch einige von ihnen aufbewahrt und hier nun sechzig der witzigsten und erstaunlichsten Aufsätze zusammengestellt. Ich glaube, die Lektüre lohnt sich. Aber gerade weil sie so farbig, lebendig, häufig voller unglaublicher grammatikalischer Fehler und unfreiwilliger Komik sind, könnte dieses Buch auf den ersten Blick als eine Sammlung von »Stilblüten« erscheinen. Sieht man jedoch genauer hin, leuchtet in dieser munteren und erbarmungslosen Alltagschronik, die einen beunruhigenden Einblick in die Lebensbedingungen Süditaliens vermittelt, etwas anderes, Tieferes auf: Weisheit und uralte Resignation, aber auch ausgelassene, in ihrer proletarischen Unschuld geradezu mitreißende Freude. Etwas, das uns nachdenklich stimmen sollte und von keiner ernsthaften soziologischen Untersuchung mit solcher Frische vermittelt werden könnte. Ich habe absichtlich nicht zu viele Aufsätze ausgewählt, da man sich beim Thema Neapel allzu leicht zu einem gewissen

Kitsch verleiten lassen und der Gefahr erliegen könnte, jedes Kind zu einem Schuhputzer oder Straßenjungen zu stilisieren. Dieser Falle versuchte ich zu entgehen, indem ich, wenn auch mit einem gewissen Bedauern, jene Teile drastisch gestrichen habe, die sich für eine solche Interpretation angeboten hätten. Andererseits habe ich nur sehr selten eingegriffen, wenn es etwa darum ging, einen Satz zu entwirren, der, gelinde gesagt, hermetisch wirkte. Inhaltliche Änderungen habe ich allerdings an keiner Stelle vorgenommen, um die hintergründige Botschaft, die uns diese erstaunlichen Kinderhirne vermitteln, in ihrer ganzen Frische und Originalität zu erhalten.

Marcello D'Orta

Den Film kurz, der mir am besten gefallen hat, den habe ich gerade gestern gesehn, und er hieß »Odyssee«. Und jetzt erzähle ich ihn euch.

Es war einmal Odysseus, der hatte die Stadt Troja angezündet. Er hatte die List mit dem Holzpferd gebraucht und so tötete er alle. Dann war der Krieg aus, und er mußte wieder heim.

Sein Heim hieß »Das Itaka«.

Da machte er sich auf die Reise und reiste, reiste, reiste immer. Und dann von jetzt an passieren ihm soviele Unglücke, also soviele Unglücke, tausende Unglücke! Das erste Unglück, was ihm passiert, ist Polyphem. Da war eine Riesengrotte mit einem Riesenkamm, einem Riesenhaartrockner, einem Riesenkäsestück, einem Riesenbett.

Dann kommt der Polyphem rein, ein Riesenmonster mit nur einem Auge. Der stieß einen furchtbaren Schrei aus, dann sieht er die Freunde vom Odysseus und frißt sie rein. Aber keiner wollte sterben. Sie wollten noch ein bißchen leben. Einer hat geschrien: »Polyphem, iß nicht mich, iß doch den andern da!« aber Polyphem wollte eben grade ihn auffressen: er hatte ja genau gesehen, daß er dicklich war!

Dann gab ihm Odysseus einen betäubten Wein zum Trinken, und der Polyphem fiel vor Schlaf um. Dann quetschten sie ihm ganz leise das Auge raus und hauen ab. Da hat der Riese gebrüllt, aber niemand hat ihn gehört, und am Ende haben ihn die anderen Monster doch gehört und gesagt: »Wer hat dir dieses Auge rausgegraben?« und Polyphem sagte »Niemand«, und die andern sagten, dann bist du doof. Und so ist der Odysseus geflohen. Aber dann kam ein neues Unglück.

Einige Sirenen, die halbe Fische und halbe Frauen waren, sangen und sangen ein schönes Lied. Und Odysseus läßt in die Ohren von seinen Freunden zwei Flaschenkorkser reinstopfen, aber selber läßt er sie sich nicht reintun, und wie diese halben Fische singen, will er sich ins Meer stürzen, aber er ist festgebunden, und alle lassen ihn zappeln.

Am Schluß befreien sie ihn, aber dann kommt gleich das nächste Unglück. Er trifft den Windegott, der gibt ihm ein Säckchen mit den Winden, aber seine Freunde machen das Säckchen auf, und das Schiff geht drunter und drüber. Dann landen sie bei der Zauberin Circe, und das ist ein neues Unglück. Kaum hat die Zauberin sie gesehen, verwandelt sie sie in Schweine, aber den Odysseus nicht; der Odysseus ist stärker und will kein Schwein sein. So befreit er seine Freunde und läßt die Zauberin Circe stehn.

Später sterben alle, aber Odysseus ist noch lebendig. Er kommt schon heim, aber ein Engel macht ihn alt wie einen Alten und sagt, sag niemand, wer er ist. Aber der Hund Argo merkts und nach dreihundert Jahren, wo er auf ihn gewartet hat, stirbt er.

Er kommt schon heim und sagt alles seinem Sohn, wo ich nicht mehr weiß, wie er heißt. Der Sohn ist schlau und sagt: »Keine Angst, Pap, die schlachten wir jetzt ab wie Schafe!«

Dann bereiten sie eine schöne List vor, eine Art Falle. Das war ein schwerer Bogen, mit dem es keiner geschafft hat. Da haben alle Schweine es ver-

sucht, sich furchtbar aufgebläht, eine Schau abge-
zogen und groß angegeben! Aber keiner hat es hin-
gekriegt. Da kommt der Odysseus und alle haben
gelacht, gesagt, du Flasche, aber er schafft es und
alle rennen weg vor Angst, und Odysseus wird jung
und stark, und die Türen sind alle zu, und Odysseus
und sein Sohn töteten alle mit Schlägen auf den
Kopf.

Am Schluß putzten sie den Boden voll Blut mit
einer Art Seifebrühe und gingen schlafen.

Der Lehrer hat über die Schweiz gesprochen.
Kannst du die wichtigsten Punkte seiner
Erklärungen zusammenfassen?

Die Schweiz ist ein kleines Land Europas, was neben der Schweiz, Italien, Deutschland, der Schweiz und Österreich liegt. Es hat viele Seen und viele Geberge, aber das Meer fließt nicht in der Schweiz, vor allem in Bern nicht.

Die Schweiz verkauft der ganzen Welt die Waffen, um ihr den Hals abzuschneiden, aber sie macht selber nicht mal den kleinsten Krieg.

Mit diesem Geld baut sie die Banken. Aber nicht die guten Banken, die Banken der *Verbrecher*, besonders der Drogensüchtigen. Die Griminellen von Sizilien und von China bringen dort ihr Geld hin, die Milliarden. Die Polizei kommt, sagt von wem ist das Geld, das weiß ich nicht, sag ich dir nicht, das geht dich einen Dreck an, die Bank ist zu.

Aber sie ist nicht zu! Auf war sie!! In der Schweiz ist es so, wenn du in Neapel Krebs hast, dann stirbst du in Neapel, aber wenn du in die Schweiz gehst, stirbst du später oder lebst. Weil die Klinicken sind wunderschön, mit Teppiche, Blumen, die Treppen sauber, keine einzige Ratte. Aber man muß viel zahlen, und wenn du nicht schmuggelst, kannst du nicht hin.

Ist der Aufsatz so lang genug?

Mir gefällt Garibardi am besten, weil er der Held
der beiden Welten ist, und so schämt sich Italien
jetzt nicht mehr, nach Amerika zu gehn.

Was der Garibardi gemacht hat, weiß ich. Er ist
von Quarto nach Volturno, aber nicht von Quarto
bei Neapel, von einem Quarto weiter weg.

Er hat es gemacht wie wenn es der Giro d'Italia
wäre, bis er dann nach Marsala gekommen ist. In
Marsala hat er die Burbonen von Neapel und den
beiden Sizilien getroffen und besiegte sie.

Es waren 1000.

Sie hießen die GARIBARDINI.

Es waren 1000.

Sie waren ganz rot angezogen, wie die Liverpul.

Dann zogen sie hinauf, zogen hinauf nach Kalabrien. In Kalabrien trafen sie noch mehr Burbonen aus Neapel. Und besiegten sie. Und zogen noch

weiter hinauf. Und wie sie so immer weiterweiter hinaufzogen, kamen sie nach Neapel, genau da hin, wo alle Burbonen von Neapel waren.

Wie sie ihn sahen, flohen sie, sie flohen die einen nach Gaeta, die andern nach Ischia, die andern nach Frattamaggiore. Der König rief seine Schläger vom Schlägertrupp zur Hilfe, aber wie die Schläger aus dem Gefängnis kamen, haben sie den Garibardi leichter hineingebracht wie vorher und die Schläger wurden dann noch mehr Schläger wie vorher.

Als Garibardi König von Italien wurde, machte er die 1000: den einen zum Fürsten, den anderen zum Ritter oder zum Abgeordneten. Weiß nicht, was er aus denen gemacht hat, wo nicht gut geschießen haben, vielleicht Gepäckträger.

Der 8. März ist der
Internationale Frauentag. Sprich über
die Lebensbedingungen der Frau

Ich dencke (und glaube), daß die Frau gleich sein muß wie der Mann, weil es nicht gerecht ist, daß sie nicht gleich ist. Am 8. März muß die Frau gleich sein, wie der Mann!

An dem Tag bringen alle Männer den Frauen Mimosen, und auch den andern Menschen, aber ich kenne einen Mann, wo am 8. März einer Frau einen Fußtritt gegeben hat. Das hat mir mein Vatter erzelt.

Mein Vatter fährt jetzt Straßenbahnen, aber früher war er bei der Feuerwehr. Da war es mal so, daß eine Frau vom 8. März sich vom Dach runterstürzen wollte, und da haben sie die Feuerwehr geholt. Mein Vatter war der, wo auf die Häuser gestiegen ist, um die Leute nicht von den Blocks runterfallen zu lassen. Er stieg hinauf, und wie er vor der Verrückten stand, sagte er zu ihr: »Du willst

dich wohl runterstürzen, damit wir Ärger kriegen?«

Da hat die noch ein bißchen gedacht, soll sie sich
jetzt runterstürzen oder ins Wohnzimmer zurück
und hat dann gedacht, sie soll sich runterstürzen.
Aber auch mein Vatter hat sich auf sie gestürzt und
sie gepackt.

Wie sie runtergekommen sind, hat ein Freund
von meinem Vatter, wo auch bei der Feuerwehr ist
(aber unten), der Verrückten einen Tritt gegeben
wegen der Angst, wo er gekriegt hat.

Ich, wenn ich dieser Herr gewesen wäre, hätte
ich ihr den Tritt nicht an dem Tag gegeben, wo der
8. März war, an einem andern Tag schon.

Welches von den vielen Gleichnissen Jesu gefällt dir am besten? Welches von den vielen Gleichnissen Jesu gefällt dir am besten? Mir gefällt am besten das vom Reichen Prasser.

Es war einmal ein Reicher Prasser. Der war fett, sehr fett, er wäre fast geplatzt. Er aß und aß, er aß immer. Kaum wachte er auf, gleich zwei oder drei Cappuccini und ein *Kinder*, und dann mittags, das glaubt man nicht: Huhn, Fleisch, Pommes. Er aß mit den Händen vor lauter Hunger. Abends hat er wieder reingehaun, aber wenn noch was von mittags übrig war, hat er es aufgewärmt.

Der Reiche Prasser trank auch, aber ohne Strohhalm, damit es schneller ging, denn er hatte eine dringende Verabredung.

Er hatte einen Knecht, der hieß Lazarus, aber nicht der, den Jesus vom Tod erweckt hat, es war ein anderer Lazarus, der viel magerer war als der andere.

Dieser Lazarus war furchtbar mager, an seinem ganzen Leib trug er nur einen Quadratmeter Fleisch.

Er wohnte unter dem Tisch des Reichen Prassers. Und wie der Reiche Prasser immer fetter wurde, wurde er immer magerer.

Manche Male aß der Reiche Prasser wenn er Zahnweh hatte nicht alles, und die Brotsamen gab er gewissen Hunden, die neben Lazarus wohnten. Wenn auch die Hunde Zahnweh hatten oder Kopfweh, ließen sie sie ihm.

Aber es war zu wenig und Lazarus starb und vom Hunger kam er ins Paradies. Eines Tages starb auch der Reiche Prasser und kam in die Hölle.

In der Hölle lachten ihn alle aus, weil er fett war und haben immer du Schwein zu ihm gesagt. Da war er beleidigt. Er hat dann auch sehr Durst gehabt, aber keiner gab es ihm. Und am Schluß ist er magerer als Lazarus gewesen.

Das Gleichnisse was mir am besten gefallen hat, ist das mit lazarus, lazarus war ein Freund von Jesus, und manchmal sind sie zusammen weg zum Einkaufen. Aber dann hat Lazarus eines Tages eine schlimme Hautkrankheit gekriegt, und weil in dem Ort das nächste Krankhaus in Rom war, ist er bis dahin gestorben. Dann hat die ganze Familie geweint, sie waren alle sehr traurig. Sie haben gesagt, o je, ist das ein Unglück.

Am nächsten Tag taten sie ihn ins Grab und machten ihn mit einem Stein zu, den nicht einmal der Ulk* weggekriegt haben würde. Eines Tages begegnet seine Frau dem Jesuskind und sagt zu ihm, dein armer Freund lazarus ist tot, wenn du vorbeikommen könntest, wäre das ein Gefallen.

---

* Der unglaubliche Hulk, Kraftprotz einer Fernsehserie

Also geht Jesus ganz ruhig zum Friedhof. Wie sie ihn sehen, laufen ihm alle nach, und jeder sagt, Jesus, mein Bruder ist gestorben, Jesus, meine Mama ist gestorben, Jesus, mein Vetter ist gestorben, aber Jesus konnte nur einen retten: es waren zuviele Tote!

Also hat er ganz laut geschrien und gesagt, lazarus komm raus, und lazarus ist gekommen. Aber man kriegte angst, er war wie eine Mumie und ist gelaufen wie ein Zombi, aber er hat gelebt, und auch wenn er noch einen Verband am Mund hatte, lächelte er vor Freude. Jesus umarmte ihn und sagte: Lazarus, diesmal verzeihe ich dir noch, aber das nächstemal darfst du nicht mehr sterben.

Und wie der Judas das gesehn, ging er hin und verriet ihn.

Mir gefällt am besten der Weltuntergang, weil ich keine Angst habe, weil dann bin ich schon hundert Jahre tot.

Gott wird die Ziegen von den Hirten trennen, eine nach rechts und eine nach links, und in die Mitte die, wo ins Fegefeuer gehen.

Es werden mehr als tausend Milliarden sein, mehr als die Chinesen, alle Ziegen, Hirten und Kühe zusammen. Aber Gott wird drei Türen haben. Eine sehr große (die die Hölle ist), eine mittlere (die das Fegefeuer ist) und eine ganz schmale (die das Paradies ist). Dann wird Gott sagen: »Seid alle mal still!« und dann wird er sie trennen. Den einen hier hin und den andern dorthin. Da will einer schlau sein, und hierhergehen, aber Gott sieht ihn. Die Ziegen werden sagen, daß sie nichts Böses getan haben, aber sie lügen. Die Welt wird zerknallen, die Sterne werden zerknallen, der Himmel wird zerknallen, Arzano wird in tausend Stücke gehn. Der Bürgermeister von Arzano und der Stadtrat werden mitten unter die Ziegen gehn. Es wird ein furchtbares Durcheinander geben, der Mars wird zerknallen, die Seelen werden gehn und wieder auf die Erde kommen, um die Leichen zu holen, der Bürgermeister von Arzano und der Statrat werden mitten unter die Ziegen gehn. Die Guten werden lachen und die Bösen werden weinen, die vom Fegefeuer lachen ein wenig und weinen ein wenig. Die Kinder aus der Vorhölle werden Schmetterlinge.

Ich hoffen wir daß ichs schaffe.

Wie hast du den Sommer verbracht?

Den Sommer habe ich diesen Sommer am Meer verbracht, in Posilleco.

Am Meer wars klasse. Da war der Sand, der Strand und das Meer, in Pusilleco. Wir haben uns einen Schirm gemietet, einen Liegenstuhl und die Kabbine. Meine Schwester ist schon mit dem Anzug drunter gekommen, die andre hatte aber nichts drunter.

Ich habe immer die Förmchen mitgenommen, die Bälle, den Trommelball, die Riesenkegel. Ball durfte man eigentlich nicht spielen, aber das war mir doch wurscht! ich habe trotzdem gespielt!

Am Meer haben wir Sturzwelle, Spritzen, Spukken, Purzelbaum und toter Mann gemacht. Am Strand haben wir Muscheln gemacht!

Wenn ich am Strand rumrannte, ist der ganze Sand den Leuten ins Gesicht geflogen, wo da geschlafen haben, und die haben dann geschrien. Aber das war mir doch wurscht! Ich bin trotzdem rumgerannt!

Wenn ich mit Totore Fangen spielte, ist der immer hingefallen und ich habe geschrien »Hats dich reingewaschen, du Arsch!« und habe gelacht.

Dann war der Sommer vorbei, und ich bin immer in Mugnano.

Beim Mittagessen in der Familie

Beim Mittagessen in der Familie sind wir zuviele, und da stellt Mama noch ein Tischelchen extra hin, wo ich und meine Schwester essen. Wir sind zuviele in der Familie, es ist zu eng am Tisch, da verlängert meine Mutter den Tisch, den man verlängern kann, dann ist es nicht mehr zu eng.

Wir sind froh, wenn wir essen. Wenn mein Onkel kommt, der bei der Polezei ist, will der immer, daß ich mir vor dem Essen die Hände wasche, aber ich tu bloß so, wie wenn ich ins Bad gehe, weil ich scheiß drauf, die Hände zu waschen!

Beim Mittagessen in der Familie essen wir dies: Bonen, Krakenbrühe, Kraken, Olifen und Kappern, Kuddlsuppe, Ragu, Spagetti mit Öl und Knobblauch, Bratlinge, Ärbsen, Eier, Brotteig in Öl gebacken, Arischogge, Murtadella, gebratne Rübensprosse, Klöse, Bratswürste, gefüllte Teig,

Pizza, Paprikas, Schweinsblut, Schwein, Kaki, Kirsche und Albikose.*

An meinem Tisch wird auch getrunken. Hier das, was getrunken wird: Gragnano frizzante, Sprudel, Telese, Chinotto Coca, Coca-Cola, Bier und Soda. Wenn Sonntag kommt, bringt Papa das Gebäck. Hier das Gebäck, das an meinem Tisch gegessen wird: Baba, Kremschnitte, Kremschnitte mit Schokolade und Kremeblätter mit Quark und Frucht, Teigkuchen, San-Giuseppe-Kringl, Eistorte, sizilianische Cannoli, Deliziosa, Blätterteigstückchen, Honigplätzchen und Weihnachtskringl.**

Jetzt muß ich sagen, daß wir alle diese Sachen nicht an einem einzigen Tag essen, sondern in einem Jahr.

Wenn an Weihnachten die Großeltern und alle Verwantten kommen, passen wir nicht an den

* fasuli, brodo di purpo, purpo, aulive e chiapparielli, zuppa di carnacotta, raù, vermicelli aglio e uoglio, suffritto, pisielli, ova, pasta crisciuta, carcioffoli, murtadella, friarielli, purpette, saciccie, panzarotti e zeppulelle, pizze, puparuoli, sangue di puorco, puorco, cachissi, purtualli, cevese e crisommole.
** babbà, sciù, sciù a cioccolatto e a crema, pastiera, millefoglie, zeppole di san Giuseppe, zuppetta, cannoli alla Silicianà, deliziosa, sfogliatelle, stuffoli e roccocò.

Tisch und dann verlängert Mama den Tisch, den man verlängern kann, und stellt ein Tischelchen extra hin für mich und meine Schwester und stellt noch zwei Tischelchen daneben hin für die Alten.

Wenn ich das Weihnachtsgedicht aufsage, versteht man nie was, aber ein bischen versteht man doch, und deshalb fassen Papa und mein Onkel in die Tasche.

An Weinachten trinken sie bei mir daheim wie die Schweine.

Erzähle von dem Spaziergang,
der dir am besten gefallen hat

Der Spaziergang, der mir am besten gefallen hat, war letzten Sonntag, wie ich auf den Schrottplatz bin.

Am Tag vorher hat mein Onkel zu mir gesagt: »Wenn du heute abend brav bist, nehme ich dich morgen mit auf den Schrottplatz.«

Da war ich dann gleich ganz brav, und mein Onkel hat mich auf den Schrottplatz mitgenommen.

Auf dem Schrottplatz war es prima. Wohin du guckst nur Schrott. Die Autos sind eins über dem andern, eins unter dem andern, ein ganzes Gebirge, du denkst, du bist in Alledelandia.*

Mein Onkel suchte einen bißchen gebrauchten, auch bißchen verbeulten Auspufftopf, Hauptsache, er spuckte Rauch. Bevor wir rein sind, hat er

---

* Edenlandia, ein großer Vergnügungspark in Fuorigrotta

zu mir gesagt: »Salvatò, wirst sehn, da machen wir ein gutes Geschäft! Dein Onkel haut so schnell keiner in die Pfanne! Der muß erst noch geboren werden, der dein Onkel in die Pfanne haut!«

Aber kaum sind wir rein, springt ein schwarzer Hund mit einem ganz spitzigen Halsband auf uns zu und ich bin fast gestorben vor Angst. Dann ist aber der Chef gekommen (der war auch der reinste Hund) und hat ihn angeschrien: »Liò, hau ab!« und Lione hat sich zum Glück verzogen.

Solange wie mein Onkel den Auspufftopf gesucht hat, war ich glücklich.

Es gab da eine Unmenge verbeulter Autos. Schweinwerfer ohne Licht, ruhige Lenkräder, platte Reifen, Pfützen, Nummernschilder ohne Nummer, ein Auto stand in einem Graben, und ein Kind hat draufgepißt.

Wenn ich mal groß bin, werde ich Schrottmann.

Dann ist mein Onkel ohne Auspufftopf zurückgekommen, und der Hund und der Chef haben ihn angebellt und er war ganz wütend, und da hab ich kapiert, daß er doch kein gutes Geschäft gemacht hat.

Als ich Papa alles erzählt habe, hat Papa gesagt,

daß die Idioten aus Benevent alle ein böses Ende nehmen, und so habe ich erfahren, wo mein Onkel geboren ist.

Welches ist dein Lieblingstier?

Mein Lieblingstier, was mir am liebsten ist, ist das Schwein.

Das Schwein ist ein Hausschwein, das im Schweinestall lebt, es ist dreckig, wälzt sich im Schlamm und in den Schweinereien rum und kitzelt sich selber. Dem Schwein, dem gefällt der Mist!

Seine Familie wird gebildet vom Wildschwein, das knurrt und vom Nilpferd. Wenn ich ein Nilpferd sehe, muß ich lachen.

Für das Schwein ist der Winter eine schlimme Jahreszeit. Im Januar, wenn es schön fett geworden ist, da schlägt sein letztes Stündlein. Es ist dann, wie wenn es eine Stimme in der Luft hören würde, die zu ihm sagt: »Sie wollen dich schlachten! sie wollen dich schlachten!« und dann bockt es mit den Füßen auf dem Boden wie die Esel und versucht, sich nicht schlachten zu lassen. Aber der Mensch kommt trotzdem und zieht es, schlägt es, verrenkt ihm den Schwanz und dann tötet er es. Aber auch nachdem er es getötet hat, ist er noch nicht zufrieden! Er zerschneidet es in tausend Stücke und verwandelt es in Bratwürste, Schinken, Speck, Schwarte, Preß-kopf, Schweinsfuß, Blutwurst, Schmalz und sogar Zahnbürsten.

Deshalb ist es, das Schwein, mein Lieblingstier, weil man von ihm alles gewinnt.

In welcher Epoche möchtest du gern leben?

Ich möchte gern in der Steinzeit leben, damit ich mich rumprügeln kann.

Nämlich damals ist viel gekämpft worden. Wenn du zu einem Stamm gehört hast und ein anderer hat zu einem anderen Stamm gehört und man ist sich auf der Straße begegnet, da hat man sich nur schnell ins Gesicht geguckt und gleich zugeschlagen.

Die Waffe jener Zeit war die Keule, und wer keine hatte, war ein toter Mann, weil ohne Keule konnte er sich nicht verteidigen. Wer keine Keule hatte, verteidigte sich mit Fußtritten, Faust, Kopfstößen, Spucken. Aber am Schluß ist er trotzdem gestorben.

In der Steinzeit brachen immer die Vulkane aus, die Erde bebte, die Tiere fraßen sich gegenseitig auf, auch wenn sie satt waren, und das Wetter war immer schlecht.

In der Urzeit herrschte nie Frieden. In den Familien hat man immer gestritten, und alle waren dreckig. Sie haben sich nicht gewaschen. Sie haben sich nicht gekämmt. Sie haben sich nicht rasiert. Nicht mal die Frauen.

Ein Kind war, gerade wenn es geboren war, schon ein Urmensch.

Es gab keine Heizung, sie wußten nicht, was sie in ihrer Freizeit tun sollten, da haben sie die Wände vollgekritzelt.

Wenn ein wildes Tier in die Höhle gekommen ist, haben sie es gleich verprügelt und es dann aufgegessen, auch wenn es wild war.

Wenn es im Sommer heiß war, sind nachts gewisse riesige prähistorische Mücken ins Haus gekommen, dann konnte man nicht schlafen, und der Mensch fluchte.

Mir gefällt die Steinzeit, weil sie viele Entdeckungen und Erfindungen gemacht haben. Man erfand das Rad ohne Speichen, die Keule, das Bronzezeitalter, den Pfahlbau auf dem Wasser, den primitiven Pflug, den abgehauenen Feuerstein. Der Mensch fing zu jener Zeit an, intelligent zu werden, aber er ähnelte noch sehr den Affen.

Als sie dann aufhörten, den Affen zu ähneln, wurden sie Ägypter, aber das ist ein anderes Kapitel.

Und das ist der Aufsatz.

Dein Papa hat Namenstag, ist aber weit weg.
Schreib ihm, was dir dein Herz diktiert

Lieber Papa, heute ist Dein Namenstag, und ich schreibe Dir, was mir mein Herz diktiert.

Lieber Papa, du warst arbeitslos, deshalb bist du nach Turin gegangen! weil du arbeitslos warst! Ich erinnere mich, daß du nach Turin nicht gehen wolltest; Du hast gesagt, daß diese Leute uns nicht leiden können, daß das Klima zum Kotzen ist, und daß alle Turiner zum Kotzen sind. Ich erinnere mich, daß du gar nicht nach Turin wolltest, aber daß du einfach gehen mußtest. Dann hast Du uns geschrieben, daß dort oben doch nicht grad alle zum Kotzen sind, daß zwei oder drei vielleicht gehn! Ein Glück, Papa, da sind wir jetzt etwas froher.

Heute ist dein Namenstag, und ich schreibe dir, was mir mein Herz diktiert. Du warst arbeitslos, Papa, deshalb bist du nach Turin gegangen.

Ich will Dir etwas erzählen, was in diesen Tagen geschehen ist. Gestern war ich allein mit der Oma, als es an die Tür geklopft hat. Es waren die Zeugen Genuas. Ich wollte sie nicht reinlassen, weil ich dachte, Genua ist nahe bei Turin, aber dann hat die Oma die Tür aufgemacht, und die sind rein. Dann haben sie sich hingesetzt und eine Art Köfferchen aufgemacht und da eine Unmenge Heftchen rausgeholt. Die Oma wollte sie dann wegjagen, aber die haben immer nur geredet und manchmal die Augen so zum Himmel hochgehoben, als würden sie gleich sterben. Da wollte die Oma sie wieder wegjagen, aber die redeten, redeten, redeten immer nur! Endlich sind sie aufgestanden und weggegangen, aber vorher haben sie uns noch Blättchen gegeben und die Oma hat ihnen tausend Lire gegeben.

Papa, wenn Du dagewesen wärst, hätten sie die tausend Lire nicht gekriegt, weil du sie nicht gehabt hättest!

Lieber Papa, heute ist Dein Namenstag, und ich schreibe dir, was mir mein Herz diktiert. Ich möchte gern, daß du bei mir bist, hier zu Hause ist immer so ein Affenstall, Mama und Taniello streiten ewig, und die Hühner verziehn sich unter den Tisch. Ich sage immer: du hast es gut, weil du in Turin bist!

Mein Großvater erzählt aus
seiner Kindheit

Mein Großvater lebt noch, er heißt Ciruzzo und lebt noch.

Er erzählt uns oft, wie es bei ihm als Kind gewesen ist. Wenn wir am Tisch sitzen, sagt er, wie er als Kind nichts zu essen gekriegt hat, weil nichts da war, was man auf den Tisch bringen konnte, und daß wir es viel zu gut haben, weil immer was zum Essen da ist.

Mein Großvater erzählt uns auch, wie sauarm es war zu seiner Zeit, von den Schuhen, die er nicht hatte, von den Händen voll mit Schwielen, vom Herdfeuer, von den Centesimi und vom Krieg. Er tut mir leid, wenn er uns so sein Leben erzählt!

Und wenn wir in den Supermarkt gehen, sagt er, daß man zu seiner Zeit alle diese Sachen nicht gesehen hat. Bei ihm daheim haben sie nie gegessen, sie waren alle hungrig, weil man nichts auf den Tisch bringen konnte. Dann kamen die Bomben und da ist auch noch der Tisch kaputt gegangen.

Dieser Aufsatz geht darüber, wie mein Großvater ein Kind war. Wie mein Großvater ein Kind war, hat er wie ein Esel geschafft, um das Brot heimzubringen, und dann ist er auch noch in die Schule gegangen. Und in der Schule hast du nicht gleich einen Einser gekriegt, wie heute, wo du ihn immer gleich kriegst, damals, wenn du da einen Einser wolltest, haben sie dir die Ohren langgezogen.

Dann mußte er auch von der Schule runter, weil sie im Keller saßen und seine Familie nicht gerade ein Honiglecken war; da ist er Bäckerlehrling geworden und so sind sie mit der Not durchgekommen.

Aber wie er dann groß war, hat er sich doch einen Tisch gekauft und zu essen geschafft: aber er hat sein trauriges Leben nie vergessen, und wenn er eine Wut hat, sagt er nicht »Scheißtod«, sondern »Scheißleben«, und ich verstehe, daß er sterben will.

Und dies ist der Aufsatz über meinen Großvater.

Beschreibe deinen Vater

Mein Vater ist Kartonsammler, er geht nachts und holt die Pappe ab. Manchmal gehe ich mit, und wir fahren mit dem Dreirad.

Weiß nicht, wie alt mein Vater ist, aber zu alt ist er nicht: ein bißchen ist er auch jung!

Morgens macht er eine andre Arbeit und kommt dann nachmittags heim, schläft ein bißchen, ißt, und dann geht er nachts wegen der Pappe.

Mein Vater ist nicht so alt, aber nicht mehr ganz frisch, er ist glatzig, sein Kopf ist ein Kürbis.

Sonntags bringt er uns in die Messe und hat uns gern. Wir spielen auf dem Platz mit den andern Kindern, dann kauft er die Tüte mit dem Gebäck.

Mein Vater ist sehr arm, die Pappe reicht nicht, deshalb streitet er immer mit meiner Mutter.

An Ostern bringt er das Lämmchen zum Schlachten heim, aber dann tut es uns immer leid und am Schluß verschenken wirs immer. Und so streitet er wieder mal mit meiner Mutter rum, die zu ihm sagt: »Wenn du nicht das größte Arschloch auf der Welt bist, schleppst jedes Jahr dies Schaf hier an und dann hast du nicht mal die Kurasch, es abzumurgsen! Das nächste Mal murgs ich dich ab, das sag ich dir!«

Welchen Beruf möchtest du ausüben,
wenn du groß bist?

Ich, den Beruf, den ich ausüben will, wenn ich groß bin, ist nicht nur einer, sondern viele. Ich will Schweißer werden, Klempner, Straßenhändler. Mein Vater, der macht alle diese Sachen, deshalb will ich diese Berufe machen.

Ich weiß aber nicht genau, welchen Beruf ich ausüben möchte, wenn ich groß bin. Manchmal, wenn mein Vater schönes Geld verdient, möchte ich sie machen, diese Berufe, aber wenn er dann andere Male rumflucht, weil keine Lira reinkommt, dann will ich sie nicht machen.

Wenn Giovanni mich immer aufregt, will ich Henker werden. Als Henker wär ich sicher gut.

Ein anderer Beruf, der mir gefallen würde, ist Wirt. Der Wirt ist glücklich, ich sehe das, daß er glücklich ist! Ein Wirt wohnt gegenüber von meinem Haus und pfeift immer.

Meine Mutter sagt, egal, was ich werden will
wenn ich groß bin, zuerst muß ich mal was in der
Schule lernen. Denn wenn ich nicht wenigstens die
Grundschule schaffe, nehmen sie mich nicht mal als
Straßenkehrer. Weil ich habe nämlich einen Straßenkehrer, der in meiner Gasse war, gefragt, welche Schule er hat, und der hat geantwortet: »Das
geht dich einen Dreck an, Lümmel!«

Mir ist das egal, ich, welchen Beruf ich ausübe,
wenn ich groß bin, Hauptsache, er bringt Geld.
Mein Vater sagt, ohne Kies kann man nichts machen im Leben, und wenn er das sagt, guckt er sich
mit so einem Gesicht im Spiegel an, und mir ist klar,
daß er sich am liebsten ins Gesicht spucken würde,
und dann tut er mir leid . . .

Beschreibe deine Wohnung

Meine Wohnung ist ganz kaputt, die Decke ist kaputt, die Möbel sind kaputt, die Stühle kaputt, der Boden kaputt, die Mauern kaputt, das Kloh kaputt. Aber wir wohnen trotzdem drin, weil das meine Wohnung ist und Geld keines da ist.

Meine Mutter sagt, daß die Dritte Welt nicht einmal eine kaputte Wohnung hat und wir uns also nicht beklagen sollen: die Dritte Welt ist noch viel dritter als wir!

Wie ich jetzt so drandenke, ist es daheim nicht so schlecht, wie wir bei mir daheim leben! In einem Bett schläft die ganze Familie, da geben wir uns Tritte unter der Decke und so lachen wir, wenn ein Besuch kommt und will auch schlafen, jagen wir ihn aus dem Haus, weil im Bett kein Platz mehr ist: alles besetzt!

Wir essen ekliges Zeug und spucken uns ins

Gesicht, wenn einer ißt und haben Sachen an, wo hinten Flicken sind. Ich bin der Sauberste von allen, weil ich es schaffe, in die Badewanne reinzugehn.

Gestern haben wir eine neue Klingel angemacht.

Wenn mich meine Freunde besuchen, lachen sie immer über meine ganz kaputte Wohnung, aber am Schluß spielen sie dann immer mit meinen Hühnern!

Ich mag meine kaputte Wohnung gern, ich habe mich dran gewöhnt, ich fühle mich selber schon ganz kaputt!

Aber wenn ich dann bei der Milliardenlotterie gewinne, kaufe ich mir eine ganz neue Wohnung, und die kaputte, die schenke ich dem Pasquale.

Welches ist deine Lieblingsgestalt
aus der Geschichte?

Meine Lieblingsgestalt aus der Geschichte ist Caligola, weil er verrückt war. Caligola ist mir wahnsinnig sympathisch wegen seiner Verrücktheiten! Er hat sein Pferd zum Senator ernannt, er hat seinen Sohn aufgegessen, um es wie Saturn zu machen, er hat das Heer am Meeresstrand aufstellen lassen und dann gesagt, daß alles nur Spaß war, weil er den Feind erfunden hat, er wollte angebetet werden wie ein Gott.

Eine andere Lieblingsgestalt aus der Geschichte ist der Kopf von Johannes dem Täufer. Johannes der Täufer war nicht verrückt wie Caligola, aber ein bißchen doof, weil er in der Wüste herumgeschrien hat, wo ihn keiner hören konnte. Er hat immer gefastet und dann am Sonntag Beeren, Wurzeln und Insekten gegessen. Als sie ihm den Kopf abschnitten, legten sie ihn auf einen flachen Teller.

Jetzt will ich noch was sagen, das nichts mit dem Thema zu tun hat. Es gibt noch eine andere Gestalt, die mir sehr sympathisch ist, aber es ist keine Gestalt aus der Geschichte, aber ich will es trotzdem sagen, weil es auch eine Gestalt ist...! Das ist Benino oder Benito*, der Hirte, den man in die Krippe tut. Mir ist der Benito sehr sympathisch, weil er immer schläft, und es ihm ganz egal ist, was um ihn herum passiert.

Der scheint mir die glücklichste Gestalt aller Gestalten aus der Geschichte!

---

* Benito: ein schlafender Hirtenjunge, klassische Figur der neapolitanischen Krippen

Beschreibe dein Dorf oder deine Stadt

Sie heißt Arzano. In Arzano sind alle dreggich, sie waschen sich nicht; die Straßen sind alle kaputt, die Häuser sind alt und vom Erdbeben zusammengekracht, es gibt nur Müll und süchtige Spritzen! Tommaso schmeißt sich immer in die Mülleimer und dann kommt er in die Schule und bringt uns die Leuse. Bei ihm daheim wäscht sich keiner. Sie haben einen ganz dreggichen Hund, der immer in den Zimmern rumläuft.

In Arzano gibt es gar nichts Neues, alles ist alt. Es gibt kein Grün, es gibt keine Brunnen, die Häuser krachen verfault zusammen.

In Arzano gibt es einen Haufen Gassen, die sie Straßen nennen, aber es sind Gassen, das sehe ich ja. Da ist die Via Petrarca, die aber nur eine Gasse ist, die Via Dante, die eine Gasse ist, die Via Pascoli, die eine Gasse ist. Es sind alles Gassen.

Wenn Sonntag ist, sagt mein Vater, Scheiße, was machen wir in diesem Stinkloch, gehn wir doch wenigstens nach Neapel! Da ziehen wir uns an und gehn nach Neapel. Da gehn wir ins Wäldchen von Capodimonte und pignigen!

Aber wenn wir dann zurückkommen, sind wir wieder in Arzano. Vor den Bars hängen immer so Kerle rum: das sind Banditen! Die glauben, daß ganz Arzano ihnen gehört! Denen kann ich nur sagen: ihr könnt sie ruhig behalten, eure Stadt mit den Gassen und dem Müll!

Ein Friedhofsbesuch

Wie ich auf den Friedhof bin, bin ich traurig gewesen. Bevor wir nach Puceriale* sind, habe ich immer gelacht und daheim gespielt. Aber es ist der Tag der Toten gewesen, und mein Vater hat zu mir gesagt, daß ich traurig sein muß, weil es der Tag der Toten gewesen ist, und da habe ich gefolgt und bin traurig geworden.

Auf dem Friedhof ist es nicht gerade wie bei Toten: manche Leute, denen man begegnet, sind sogar lustig. Ich habe einen Haufen Leute gesehen, die nicht geweint haben; einer hat sogar gepfiffen.

Auf dem Friedhof sind alle tot. Man läuft zwischen den Toten rum. Die Straßen haben alle Namen von Toten oder von denen, die noch sterben.

Aber dann haben wir unseren Toten nicht gefun-

* Poggioreale

den. Das war ein Grab, wo Papa nicht mehr gewußt hat, was für ein Grab das war.

Wir sind auf dem ganzen Friedhof rumgelaufen, aber das Grab haben wir nicht aufgetrieben.

Ich habe immer Durst gehabt, aber Papa hat gesagt, bevor wir den Toten nicht auftreiben, kriege ich nix zu trinken.

Er hat in der Sonne vor Wut schlimme Wörter gesagt, aber dann am Schluß haben wir das Grab aufgetrieben. Es war ein kleines Grab, wo man einen Haufen Treppen runtermußte und ich bin fast hingefallen. In dem Grab da war die Oma, und ich habe weinen wollen. Aber es kam mir nicht, weil ich habe die Oma nie gekannt (aber Papa schon).

Beim Rausgehn habe ich zu ihm gesagt, daß ich nie sterben will, aber er hat geantwortet, daß wir früher oder später alle sterben müssen.

Da will ich jetzt nur eins sagen: bevor ich sterbe, muß erst der Giovanni sterben!

Beschreibe deine Schule

Meine Schule ist alt, kaputt, voller Löcher in den Wänden. Die Klassenzimmer sind dreckig, ohne Wandtafel, mit ganz zusammengekrachten Bänken. Wenn man die Schubladen von den Pulten aufmacht, kommen die Spinnen raus. Alle Klos sind zusammengekracht, aus dem Hahn kommt nix, die Klos stinken. Die Hausmeister machen von morgens bis abends gar nichts, der Direktor ist doof und kann nicht befehlen. Er hat Angst vor den Müttern, die alle Säue sind und vor den Hausmeistern, die alle Verbrecher sind.

In meiner Schule befiehlt der Hauswart. Der Hauswart ist eine Art Bandit, und alle zittern immer nur vor ihm. Mein Lehrer findet ihn zum Kotzen.

Ich also, ich glaube, es dauert noch tausend Jahre, bis ich von dieser Schule wegkomme. Die Kinder sind frech und pissen ins Waschbecken und verstopfen alle Klos.

Meine Schule ist eine Hölle. Sie heißt »Niccolo Tommaseo«-Grundschule.

Der Regen ist wohltuend, aber...

Der Regen ist wohltuend, weil er zum Zyklus des Wassers gehört. Das Meer kocht unter den Sonnenstrahlen und dann verdünnstet es und verwandelt sich in Wolken, wo sich in Regen verwandeln.

Wenn es regnet, ist die ganze Luft kühler, und die Bäume sind kühler, die Erde ist kühler, das Meer kühler, die Straßen kühler. Auch wir fühlen uns kühler, manchmal kalt.

Im Sommer ist der Regen wohltuend. Die ganze Natur hat Durst, und wenn es nie regnet, hat sie noch mehr Durst; aber dann kommt er, und die Natur befreit sich von der Hitze. Die Bauern heben die Hacke in die Luft und lachen froh und sagen: das Wasser! das Wasser kommt! Auch die Ehefrau lacht, aber ohne Hacke.

Wenn der Winter kommt, ist der Regen wohltuend für Afrika, wo immer August ist, aber für Arzano ist er nicht wohltuend: er ist schädlich!

Jetzt erkläre ich euch, warum er schädlich ist.

Wenn es in Arzano regnet, wird ganz Arzano überschwemmt. Die Straßen werden Flüsse, Meere, Wasserfälle, Brunnen, und keiner kann mehr herumfahren.

Ein Auto, das nach Arzano reinkommt, wenn es regnet, geht unter.

Die Gullis fliegen in die Luft und sprudeln raus und alle Ratten hauen ab.

Bei mir daheim regnet es, wenn es in Arzano regnet, noch mehr. Bei mir daheim ist es wie zwei Arzanos. Es läuft von allen Seiten rein, und ich kann nicht mehr lernen: die Bücher sind klatschnaß. Wenn wir aufs Klo gehn und es in Arzano regnet, ist es besser, wir gehn nicht aufs Klo, wenn es in Arzano regnet! Nämlich wenn wir auf dem Klo sitzen ist es besser, wir machen nur das kleine Geschäft, dann läuft uns nur ein halber Liter Wasser auf den Kopf, aber wenn wir das große Geschäft machen (vor allem mein Vater, der sich die Zeitung mitnimmt), dann laufen uns zehn Liter Wasser auf den Kopf!

Wenn der Regen vorbei ist, stinkt das ganze Haus verschimmelt. Die ganze Familie ist verschimmelt: wir stinken nach Wasser. Meine Mutter holt mit einer Art Eimer das ganze Wasser aus den Zimmern, mein Vater guckt die verfaulten Wände an, meiner Oma sagen sie, sie soll aus dem Weg gehn. Dann geh ich raus, weil sie alle wahnsinnig genervt sind und mich wegen nix schlagen.

Deshalb mache ich manchmal meine Aufgaben nicht, weil es regnet.

Das Drogenproblem

Ich bin erst zehn Jahre alt, aber ich kenne das Drogenproblem schon seit vier, fünf Jahren. Schon wie ich noch in den Kindergarten gegangen bin, hat meine Mama gesagt, daß ich nie Drogenbonbons von niemand annehmen darf, auch nicht wenn sie dir deine Lehrerin oder der Direktor geben will. Einmal hat mir aber meine Lehrerin doch eins gegeben, und ich hatte vergessen gehabt, daß es Drogen waren und habe es trotzdem gegessen, aber es hat nichts gemacht.

Die Drogen sind ein Gift, das alle tötet, auch die Alten, aber mehr noch die Jungen; es ist eine sehr süße Sache wie Zucker, aber nicht genau. Zuerst macht sie dich glücklich und dann wirst du blöd. In deinen Augen siehst du ganz viele Schmetterlinge, Farben, Regenbogen und willst fliegen. Dann ist alles aus, und du siehst nur Arzano.

Um ein Gramm Drogen zu kriegen, muß man zehn Millionen zahlen, aber die Süchtigen sind alle arm und dann stehlen sie, schlagen alles kaputt, schmeißen alle Möbel um, um zu sehen, ob der Vater hinter den Möbeln Geld versteckt hat, reißen die Handtaschen weg, bringen den Vater und die Mutter um. Ich kenne einen Süchtigen, aber ich kann seinen Namen nicht sagen, auch Giovanni kennt ihn, und wenn er den Namen sagen will, ist es besser. Dieser Süchtige wohnt gegenüber von mir, und wenn er morgens runterkommt, hat er keine Drogen genommen, dann hat er normale Augen und grüßt mich. Am Abend geht er dann am Sportplatz dort, wo die Lampe kaputt ist, Drogen nehmen. Dort drückt er zusammen mit Quagliariello und Masone die Spritze, und wenn er heimkommt, läuft er wie ein Zombi.

Mir tun die Süchtigen leid, aber ich habe Angst. Aber einmal hatte ich fünfhundert Lire in der Tasche und habe sie einem Süchtigen hingeschmissen, der auf dem Boden geschlafen hat und dann bin ich schnell weg. Den Süchtigen gebe ich schon manchmal Geld, aber den Zigeunern nicht. Vor den Zigeunern habe ich noch mehr Angst!

Unterwegs auf den Straßen der Stadt ...

Unterwegs auf den Straßen der Stadt ist es besser, wenn ich nicht bin. Weil ich wohne nicht genau in Arzano, sondern in Casavatore, was ein Ort gleich daneben ist. In Arzano ist meine Oma, und ich wohne bei ihr, aber später gehe ich dann immer nach Casavatore, was ein Ort gleich daneben ist. In Casavatore ist immer Krieg. Sogar am Sonntag. Kaum sehen sie sich, bringen sie sich um. Wenn einer auf dem Boden liegt und stirbt, zieht er bevor er stirbt gegen den, wo ihn umgebracht hat, sogar vom Boden aus das Messer!

Wenn ich in Casavatore mal hinaus muß, habe ich Angst. Bestimmte Straßen sind dunkel. Bestimmte Straßen sind schwarz. In Casavatore bringen sie sich wegen jedem Dreck um. Ein Polizist, der pfeifen muß, weil einer bei Rot rüberfährt, tut so, wie wenn er nichts sieht. Wenn er ihn sieht, bringen sie ihn um. Dieser Polizist ist mein Onkel.

In Casavatore ist es nicht wie in Neapel. Da ist kein Meer, aber wenn einer in Casavatore bißchen spazierengehen und das Meer sehen will, kann er nach Neapel.

Es gibt Läden, Bars, Pizzerias, die Kirche, die Anlagen, die Leute. Es gibt einen schönen kleinen Brunnen, und alle Kinder trinken da, und ich auch. Dieser kleine Brunnen steht gegenüber von meinem Haus.

Wenn es in Casavatore regnet, gehen die Leute mit ihrem neuen Schirm hinaus.

Ich bin unterwegs auf den Straßen von Casavatore, wenn das Fest der Madonna von Casavatore ist und die Blechmusik kommt. Im Sommer schwitzt man sehr in Casavatore, und die Leute gehen nicht auf die Straßen; wenn sie nicht mehr schwitzen, gehen sie hinaus.

Ich bin im Sommer nicht unterwegs auf den Straßen der Stadt, da gehe ich in die Ferienkolonie.

Mailand, Rom, Neapel sind
die drei wichtigsten Städte Italiens:
Kennst du ihre Merkmale?

Mailand, Rom, Neapel sind die drei wichtigsten Städte Italiens. Kennst du ihre Merkmale? Ja.

Beginnen wir mit Mailand, das am weitesten oben liegt. Mailand ist die Hauptstadt der Lombardei. Es hat wie der Piemont kein Meer, dafür Berge. Mailand ist die reichste und größte Stadt Italiens: dort wird die ganze Industrie von Italien beherrscht. Alle Industrien sind alle in Mailand, auch das Buch *Lesen in V.* In Mailand sind alle Leute reich, einer ist reicher als der andere, es gibt dort keine Armen. Ein Armer, wo in Mailand bettelt, ist nicht aus Mailand, der ist aus Foggia.

Die Leute in Mailand sehen sich nicht so sehr ins Gesicht, ein Hausnachbar ist dort wie einer, der weit weg wohnt! Wenn du in Mailand und in Bergamo hinknallst, hebt dich keiner auf: sie lassen dich auf der Straße liegen, vor allem im oberen

Bergamo. In Neapel dagegen heben sie dich auf. In Mailand ist immer Schnee, Kälte, Nebel, Feuchtigkeit; die aufgehenkte Wäsche trocknet nie, nur mitten im August! Und jetzt will ich über Rom sprechen.

In Rom sind alle Angeber. Wegen dem einen Mal, daß Rom die Meisterschaft gewonnen hat, sind sie immer noch Angeber. Aber sie sind auch ein bißchen sympathisch. Sie nennen uns »Vettern«.

Rom ist die Hauptstadt von Latium und die Hauptstadt von Italien. In Rom ist der Staat und ist auch der Papst, und beide herrschen, aber der Papst über die ganze Welt. Der Papst ist noch nie nach Neapel gekommen, weil er Angst hat, daß sie das Geld von ihm verlangen.

Rom ist voller Baudenkmäler, Mailand nicht, nur eines. In Rom sind die Ruinen von Rom. Nero hat es nicht angezündet, das hat uns unser Lehrer gesagt. Rom ist riesengroß, aber es ist auch dreckig.

Und jetzt will ich über Neapel sprechen.

Ich bin einmal in Neapel gewesen. Es war sauber. Aber vielleicht habe ich es nicht genau gesehen. In Neapel sind alle Verbrecher, Betrüger, Mörder und

Süchtigen. Das Meer ist eine Latrine. Sie verkaufen schon gebrauchte Muscheln. Wenn sich ein Kind aus Arzano verläuft, rauben sie es. Wenn nur eine winzige Minute lang ein Erdbeben kommt, krachen die Häuser gleich zusammen. Die Arbeitslosen sind anderthalb Millionen. Es gibt zwanzig Kinder in einer einzigen Wohnung. Im Verkehr hupen sie wie verrückt. Im Dom ist die Camorra. Ich möchte von allen drei Städten in keiner von allen drei Städte leben.

Ich erzähle einen Traum

Ich kann mich nicht erinnern, ob ich jede Nacht träume, aber ich erinnere mich daß: wenn ich böse Träume habe, ich von der Schule träume, oder daß ich vom Berg der Stadt runterfalle und wenn ich schöne Träume habe, träume ich nicht von der Schule und falle ich nicht vom Berg der Stadt runter. Manchmal träume ich auch von meinem Geburtstag oder, daß ich in eine andere Wohnung umziehe.

Tausendmal träume ich, daß ich umziehe, aber einmal, was ich jetzt erzähle, bin ich in eine andere Wohnung und in eine andere Stadt gezogen.

Ich habe geträumt, daß wir nach Frattamaggiore weggezogen sind. Unten vor unserem Block stand der Transporter, und der Boss hat raufgeschrien: »Dalli, dalli! Bringt die Sachen 'n bißchen schneller runter, ich muß auch noch eine andere Ladung fahren!« Ich war von dem Glück ganz glücklich, daß ich endlich aus der Wohnung rauskam, die so furchtbar alt war! Und da habe ich mir, damit es schneller ging, alles Möbiliar auf den Rücken genommen und es ganz langsam die Treppe runtergetragen. Das Möbiliar war so schwer, und mein Vater wollte mir helfe, aber ich wollte alles allein machen. Unten am Block wollten die Träger mir helfe, aber ich wollte alles allein machen. Ich war stark wie ein Monster!

Dann ist die ganze Familie runtergekommen, und wir sind alle auf den Laster drauf, ich war hinten und saß auf dem Tisch. Als wir abgefahren sind, hat die ganze Gasse gewinkt: Pecorella, Tanino, Papela, Facciatagliata, die Kolonialwaren, der Tabakmann, der Spielsachenladen, Michele, die Braterei, der Lebensmittel, aus der Kneipe von Ernestino. Ich winkte allen mit einem Lappen, den ich gefunden hatte und war froh. Dann ist das ganze Haus plötzlich wie ein verfaultes Ding zusammengekracht und wir sind gerade noch weggekommen und nicht gestorben.

In Frattamaggiore habe ich keine Kraft mehr gehabt, da hat der Boss die Möbel genommen, und ich bin die Treppen rauf und war ein bißchen müde. Die Treppen hörten nie auf und ich war noch müder. Aber dann hörten sie doch auf, und ich bin durch die offene Tür rein. Da war eine Sonne und viel, viel Licht, die Zimmer waren riesig und riesig hoch, die Böden alle heil: kein einziges Huhn da!

Ich habe gedacht, ich bin im Himmel.

Dann hat meine Mutter ein Fenster aufgemacht, das kein Ende hatte und hat hinausgeguckt: *da war das Meer!* Ich habe das ganze Meer gesehn, das kein Ende hatte, es war wie das ganze Meer der Welt, die Boote, die Schiffe, das Meer…

Wie ich aber dann gerade eine andere Sache sehen wollte, war der Traum aus, und ich war immer noch hier.

Der Winter kommt näher...

Wenn der Winter näherkommt, merke ich, daß der Sommer echt vorbei ist. Bevor er näher gekommen ist, sind mir die Tage am Meer noch nicht so lange her gewesen, aber wenn der Winter an die Türen klopft, dann kommen mir meine Ferien vor wie sehr lange her.

Die Luft hat sich verändert, es ist nicht mehr heiß, die Leute ziehen lange Kleider an und fangen an, den Schirm aufzumachen, auch wenn es nicht regnet. Bestimmte Leute ziehen den Mantel und den Pelz von Tieren an, auch wenn es nicht kalt ist. Aber ein bißchen doch!

Wenn der Winter näherkommt, ist es nicht so schön, weil man nicht weiß, was man anziehn soll oder ob man ins Kino soll oder nicht. Man weiß nie, soll man jetzt einen Spaziergang draußen machen oder lieber drinnen. Die Tage werden in diesen

Tagen kürzer, die Sonne wird kürzer. Die Fernseh-nachrichten fangen an, von Wetterunglücken zu reden, vor allem in Mailand und Turin. In Neapel ist das schlecht Wetter nur ein bißchen schlecht.

Für die Reichen ist der Winter nicht schlimm, aber für die Armen sehr. In Cardito gibt es eine ganz arme Familie, da ist, wenn der Winter kommt, die ganze Wohnung wie ein Schwamm und die Kinder haben für den Winter nichts zum anziehn, und diese Kinder sind zwölf Kinder! Das Fräulein vom katholischen Verband von meinem Block (Enzo, du kennst sie), sammelt immer Geld und gibts ihnen.

Wenn es in Arzano hagelt, kriegen die Baracken am Friedhof immer Löcher, und die Familien wissen nicht, was sie tun sollen. Und dann, wenn August ist, sind sie wie Feuer, weil das sind keine Baracken aus Holz, sondern wie aus Zinn.

Bei uns daheim haben wir Zentralheizung und sterben nicht vor Kälte und es läuft uns nicht auf den Kopf, auch wenn es stark losschifft. Mein Vater arbeitet nämlich bei der Sip*.

---

* Italienische Telefongesellschaft (A. d. Ü.)

Erzähle, wie du die Weihnachtsferien
verbracht hast

Ich konnte nicht mehr erwarten, bis die Weihnachtsferien angefangen haben, ich konnte es nicht
mehr aushalten. Ich hatte so viel gelernt, auch wenn
ich trotzdem in der Schule nicht gut war, und ich
habe es nicht mehr aushalten können, daß die
Schule aus war und die Weihnachtsferien angefangen haben.

An Weihnachten war es so schön, die schönste
Sache von der Welt, ich wollte, daß Weihnachten
nie aufhört, so schön war es.

Am Tag vorher war Michele gekommen, der in
Mailand Carabiniere ist und die ganze Gasse kennt
ihn von seit wie er klein war. Er ist heraufgekommen und Mama ist hinunter gegangen. Dann ist
auch mein Vater hinunter gegangen und auch der
Opa und alle haben ihn mitten auf der Treppe
umarmt. Michele hat geweint, meine Mutter hat

geweint, mein Vater hat gelacht. Ich wollte ihn auch umarmen, aber wir haben nicht alle mitten auf die Treppe draufgepaßt.

Dann ist er heraufgekommen, und alle sind heraufgekommen und auch ich bin heraufgekommen, auch wenn ich nicht so weit hinunter gegangen war. Michele hat gesagt, daß er noch nie einen umgebracht hat, aber daß sie IHN umbringen würden!! Da hat Mama gesagt, Miché, denk jetzt nicht dran, ruh dich jetzt erst mal aus. Und Michele hat sich ausgeruht.

Zum Essen gab es am Heiligabend bei mir daheim mehr als im Restaurant! Bei mir daheim essen wir wenn Weihnachten ist mehr als ein Restaurant. Alfonso weiß es, gell?

Michele aß, aß und wenn er aß sagte er es immer wieder dem ins Gesicht, der mich umbringen will, und Mama sagte, Miché, denk jetzt nicht dran, iß! Und Michele hat gegessen.

Dann habe ich das Weihnachtsgedicht aufgesagt und habe einen Klatscher bekommen, aber Geld nix. Bei mir daheim sind sie alle kniggich, sogar an Weihnachten. Dann habe ich gedacht, wenn sie das Weihnachtsbriefchen lesen, dann springt vielleicht

was raus, aber sie sind auch bei den Briefchen kniggich!

Dann ist Silvester gekommen. Michele hat groß
angegeben, er hat angegeben, weil er immer schießt
und die Knaller durfte nur er loslassen. Er hat zehn
Kilo Knaller gekauft: das waren Trickitracki,
Bengalis, Feuerwerke, Knallfrösche, Bomben,
und wie er alle die Kilos geschossen hat, war er
lauter als alle andern Knaller in der Gasse.

Ah, ich hab vergessen, daß wir den Aal gegessen
haben.

An Befana* war Michele nicht mehr da, aber
bevor er nicht mehr da war, hat er mir gesagt,
daß es die Befana nicht gibt, und daß es Mama
und Papa ist, ich hab zu ihm gesagt, Miché, das
weiß ich doch schon seit dreißig Jahren!

Die Befana hat mir die Fernbedienung und Filz-
schreiber gebracht, sonst nix, weil sie kniggich
sind.

---

* Erscheinungsfest, an dem die »gute« Hexe Befana den Kindern Geschenke bringt (A. d. Ü.)

Hast du schon Arbeitserfahrung?
Wenn ja, berichte von deinen Eindrücken

Eine Arbeitserfahrung habe ich, weil ich in die Autowerkstatt hinter der Schule arbeiten gehe. Morgens geh ich in die Schule und nachmittags gehe ich auf die Arbeit. Ich kriege dreißigtausend Lire in der Woche, dazu das Trinkgeld, wenns was gibt. Vom Geld her ist das nicht so schlecht, weil ich kenne einen, der arbeitet wie ich und kriegt bloß zwanzigtausend Lire. Mir gefällt es, als Junge beim Mechaniker zu arbeiten, wenn ich groß bin, mache ich auch eine Werkstatt. Ich möchte schon jetzt gern an den Motor ran, weil ich ihn ganz gut kenne, aber sie lassen es mich noch nicht machen, weil ich erst zwölf bin und das nur der Chef macht.

In der Werkstatt putze ich den Boden und räume die Sachen auf oder mache Außendienst wie Ersatzteile kaufen. Manchmal schickt mich mein Chef vor dem Kunden Ersatzteile kaufen und dann

sagt er ganz laut, damit mans hört: »Lauf zum Er-
satzteillager«, aber er hat mit mir und mit dem vom
Schrott schon ausgemacht, daß ich zu dem gehe
und der mir ein altes schön glänzig gemachtes Teil
und in einem neuen Papier gibt. Wegen dem
Schrott will ich noch etwas anderes sagen, was
nichts mit dem Aufsatz zu tun hat. Herr Lehrer,
wissen Sie, was der Schrotthändler Don Pascale
macht? Da gehn ein paar von seinen Leuten mit
einem Laster, den sie zu einem Abschleppwagen
umgebaut haben, nehmen neue Autos, die sie auf
den Schrottplatz abschleppen, wo sie sie verbeu-
len und zerquetschen und in ganz kleine Teile
zerlegen, und dann verkaufen sie die Reifen, die
Batterien, das Lenkrad, die Scheinwerfer usw.

Meine Arbeit gefällt mir nicht so schlecht. Aber
manchmal, wenn die Carabinieri kommen, sagt der
Chef, ich soll mich verstecken, weil ich noch nicht
vierzehn bin und noch nicht arbeiten dürfte.

Von den dreißigtausend, die ich kriege, gebe ich
fünfzehn daheim ab und fünfzehn behalte ich selber. Damit gehe ich in die Bar und spiele Flipper,
gehe ins Kino und wette beim Ballspielen. Wenn
was übrigbleibt, hebe ich es für den Fußball auf.

Der Lehrer hat dir von den Problemen
des Nordens und des Südens erzählt.
Kannst du etwas darüber sagen?

Ich kann sehr gut etwas über die Probleme des
Nordens und des Südens sagen, weil mein Vater
nicht Neapolitaner ist, sondern er kommt aus
Ferrara, was eine Stadt im Norden ist, und
uns alles über seine Stadt erzählt hat. An sich
ist er nicht in Ferrara geboren, sondern in Mailand, aber dann haben sie ihn wegen der Arbeit nach Ferrara geschickt, und danach haben
sie ihn wieder wegen der Arbeit nach Arzano
geschickt.

Die ersten Probleme im Norden sind diese: in
Ferrara stehst du, soviel du auch rumläufst, immer
vor dem Schloß; aber in Mailand waren ihm die
Straßen riesig. Und dann erst, wie er nach Arzano
kam! Er war immer genervt, weil soviel du auch
rumläufst, findest du in Arzano nicht mal das
Schloß!

Im Norden ist aber das größte Problem nicht das Schloß, sondern das schlechte Wetter. Im Norden ist das schlechte Wetter immer schlimm, es regnet und schneit immer, die Leute wachen schon ganz feucht auf. Im Norden ist furchtbarer Nebel und es gibt einen Auffahrunfall nach dem andern. Wegen dem schlechten Wetter möchten alle Leute nach Neapel herunter, aber die Versetzung ist schwierig.

Der Norden hat sonst keine Probleme: mein Vater sagt, daß die Leute reich, gebildet und höflich sind und daß die Autos bei Rot halten und die Busse nie überfüllt sind. Ihm kommt es tausend Jahre vor, daß er nicht dort war, aber jetzt ist nix mehr zu machen, er muß hier bleiben!

Im Norden behandeln sie uns wie Tiere. Wenn einer ein Papier auf den Boden wirft, heißt es gleich, der ist aus Neapel, ohne daß man weiß, ob er es ist. Ich weiß, daß er aus Neapel kommt (oder aus Arzano), aber sie, woher wollen sie das wissen?

Und jetzt spreche ich über die Probleme des Südens.

Die Probleme des Südens sind, daß alle arm

sind und daß es überall viel Arbeitslosigkeit gibt. Es gibt mehr Arbeitslose als andere und viel Armut überall.

Die Unglücke sind ein bißchen viele im Süden, und ich kann sie nicht alle aufschreiben; jetzt mache ich nur eine kleine Liste der Unglücke:

1. Not
2. Arbeitslosigkeit
3. Es gibt kein Wasser
4. Kaputte Straßen
5. Camorra
6. Erdbeben
7. Umweltverschmutzung (aber mehr im Norden)
8. Drogen (aber auch im Norden)
9. Not
10. Busse, die nicht kommen
11. Verbrecher
12. Kein Parkplatz für die Autos
13. Zu viele Steigungen
14. Dialekt
15. Die Schulen funktionieren nicht
16. Die Schulen haben keine Bänke
17. Die Schulen haben keine Schränke

18. In einer Wohnung, die ich kenne, schlafen sie zu dritt in einem Bett

19. Dreck

20. Noch andere Unglücke.

Ende

Beschreibe deinen Lehrer

Mein Lehrer heißt Marcello D'Orta und ist meiner seit der ersten Klasse, wie ich noch in den Kindergarten ging, war er nicht meiner.

Ich habe ihn sehr gern, weil er gut ist und uns einen Haufen Sachen lernt.

Er *muß* uns hauen, weil wir nicht folgen.

Er hat das anscheinende Alter von dreißig Jahren, aber er ist um fünf ein bißchen älter. Er trägt einen Bart und Brille. Er trägt ein bißchen braune und ein bißchen blonde Haare. Er trägt hellblaue und grüne Augen.

Im Sommer kommt er braun, im Winter nicht.

Er ist ein bißchen groß und ein bißchen klein, spielt mit uns und muß uns hauen.

Er kann nicht sehr gut mit den anderen Lehrerinnen, weil die anderen Lehrerinnen immer herumschreien und sich groß aufspielen und je älter sie sind, desto mehr sich aufspielen und immer in den Gängen rauchen und nix wissen.

Mein Lehrer hat uns ein paar Sachen erklärt und »so wissen sie's jetzt, die andern Lehrerinnen!«

Mein Lehrer ist sehr gut im Zeichnen, und alle kommen zu ihm, aber die kleinen Sachen für Weihnachten oder zum Muttertag kann er nicht, und die Mütter verziehen das Gesicht.

Er will nie ein Geschenk am Ende des Schuljahrs, aber wir machen ihm trotzdem eins. Ich bringe ihm dies Jahr ein Geschenk und zahle dafür 10 000 Lire und Mama macht es dann halb und halb mit der Mama von Armanduccio.

Wenn ich Milliardär wäre ...

Wenn ich Milliardär wäre, würde ich es nicht machen wie Berlusconi, der alles für sich behält und niemand nichts gibt und nur schmutzige Filme macht. Er denkt nicht an die Armen. Er ist Milliardär nur für sich und für seine Familie, aber für die anderen ist er es nicht. Ich, wenn ich reich wäre wie er, würde ich Gutes tun, damit ich ins Paradies komme. Wenn ich Milliardär wäre, würde ich alles den Armen geben, den Blinden, der dritten Welt, den streunenden Hunden. In Caivano sind ein Haufen streunende Hunde, die sie auf den Straßen aussetzen. Wenn sie in Ferien fahren, setzen sie sie aus und dann kommen sie unters Auto.

Wenn ich Milliardär wäre, würde ich ganz Neapel neu bauen und Parkplätze machen. Den Reichen von Neapel würde ich keine Lira geben, aber den Armen alles, vor allem den Erdbeben.

Dann würde ich die ganze Camorra töten lassen und die Süchtigen retten.

Für mich würde ich mir einen echten Ferrari Testarossa kaufen, eine Villa und ein Dienstmädchen für Mama. Papa würde ich nicht mehr arbeiten lassen, aber in Rente gehen und ausruhen lassen und für Nicolino würde ich Kleider kaufen und einen Fiat 126, für Patrizia alle Platten von Madonna. Dann würde ich auch für meinen Lehrer ein neues Auto kaufen, weil seines ganz verbeult ist und dann würde ich gern nach Venedig gehen, um Venedig zu sehen. Schließlich würde ich gern mit Maradona reden und für meine Schwester Patrizia Madonna nach Hause einladen.

All das werde ich tun können, wenn ich die Lotterie von Agnano gewinne, für die Papa den Schein gekauft hat.

Als einmal der Arzt zu mir kam...

Wenn ich krank werde, ist das ein Unglück fürs ganze Haus, aber auch wenn Peppino krank wird, ist das ein Unglück fürs ganze Haus. Weil nämlich der Arzt, der uns untersuchen kommt, nicht so gut ist, xmal verwechselt er eine Krankheit mit einer andern, und mein Vater muß dann einen anderen Arzt rufen, der eine gesalzene Rechnung macht und dann flucht er.

Wenn der Arzt kommt, bei dem es nie hinhaut, weiß Papa schon vorher, daß es nicht hinhaut, aber er probiert es trotzdem; er sagt: »Hoffen wir, daß der Arsch diesmal was kapiert...«, aber kapiert auch diesmal nix. Aber er sagt nicht, daß der nix kapiert! Er sagt, er hat kapiert! Und gibt mir Mittel; aber dann nach fünf-sechs Tagen gehts mir immer noch gleich, oder vielleicht sogar schlechter, und dann ruft Papa den zweiten Arzt.

Der zweite Arzt heißt Dr. Arnone und nimmt hunderttausend Lire!

Papa hat gesagt, daß er dem ersten Arzt beim nächstenmal ins Gesicht spuckt!

Der erste Arzt heißt Dr. Nicolella.*

Papa hat an sich das Geld für den zweiten Arzt nicht und muß manchmal Schulden machen. Und dann regt er sich auf, wenn er seinen Bruder drum bitten muß und der zu ihm sagt: »Ja, mußtest du denn unbedingt den Dr. Arnone rufen?«

Die Familie von meinem Vater ist geizig. Die reden immer nur. Einer sagt, wenn er reich wäre, würde er meinem Vater einen Haufen Millionen geben, weil er ihm leid tut, ein anderer sagt, daß wenn seine Geschäfte gut laufen, er ihm ein neues Auto kauft, weil unseres ganz kaputt ist. Aber sie rücken keine einzige Lira raus, nicht mal, wenn man sie totschlägt. Papa will nix mit ihnen zu tun haben.

Wenn der erste Arzt kommt um mich zu untersuchen, fängt er gleich an und kapiert nix ... Wenn der zweite Arzt kommt, zittert die ganze Familie.

---

* Die Namen der beiden Ärzte wurden aus verständlichen Gründen geändert.

Guiseppe muß Pipi machen. Er sagt kein einziges Wort, gerade wie ein Toter. Er untersucht mich ohne einen Muckser, die Familie zittert und sagt kein Wort aus Angst, einen Mist zu sagen. Er ist riesengroß, und wenn er redet, machen wir uns vor Angst in die Hose. Aber er kriegt die Krankheit immer raus.

Wenn er aus der Tür geht, flucht mein Vater auf die Madonna und schmeißt alles kaputt.

Ich weine in meinem Bett, weil ich an allem schuld war.

Ich beschreibe mein Klassenzimmer

Wir ziehen jedes Jahr in ein anderes Klassenzimmer und jedes Jahr ist unseres das häßlichste von allen. Mein Lehrer hat gesagt, daß er daran schuld ist, auch wenn er nichts daran ändern kann. Er sagt uns immer alles, er hat keine Geheimnisse, und er hat uns gesagt, warum es seine Schuld ist.

Er hat uns gesagt, daß am Anfang des Schuljahrs, wenn die Klassenzimmer verteilt werden immer die Hölle bei den Lehrern los ist. Jeder will das schönste und neueste Klassenzimmer, vor allem die alten Lehrerinnen. Dann zanken sie und streiten und fluchen bös rum. Mein Lehrer denkt, daß sie alle die reinen Tiere sind und mischt sich nicht ein. Und wenn sie dann sehen, daß er nichts sagt, denken sie, der ist ein Arschloch (entschuldigt den Ausdruck) und geben ihm immer das stinkigste Klassenzimmer.

In der ersten Klasse war ich zu klein und kann mich nicht erinnern, was uns gefehlt hat; in der zweiten wurde die Heizung nie warm, und wir sind vor Kälte eingegangen; in der dritten weiß ich noch, daß wir ewig umgezogen sind und nie Ruhe hatten; in der vierten war der Schrank verfault und kamen von innen die Schaben raus; in der fünften, was dieses Jahr ist, haben wir die Stühlchen von den Kleinsten.

Mein Klassenzimmer ist immer dreckig: es wird nicht gekehrt, es wird nicht gewischt, die Papierkörbe werden nie geleert. Die Hausmeister sind alle von der Camorra und wollen nix tun. Der Direktor schreit sie an, und die stechen ihm Löcher in die Reifen.

Mein Lehrer hat recht, wenn er in den Norden gehen will. Wenn ich groß bin, dann gehe ich sogar an den Nord*pol*!

Wenn du reisen könntest,
wohin würdest du dann gehen?

Nach Amerika, wo der Rambo ist. In Amerika gibts einen Haufen Geld, in Amerika ist man sehr reich, die Straßen Autobahnen, die Brücken, die Autos groß, die Polizei groß. Es fehlt nie Wasser, die Häuser Wolkenkratzer, das Geld.

Rambo bringt sie alle um.

Rambo ist furchtbar stark, er bringt die Feinde um.

In Amerika ist mein Onkel, aber der verprügelt die Neger nicht. Wie der Onkel weg ist, war er ein armer Mann, aus Amerika, wenn er da kommt, kommt er mit dem weißen Cadillac und der geht nicht mal in die Gasse rein. Nämlich in Amerika baut der Wohnhäuser.

Also ich geh dann auch zu ihm zum Geldmachen, Dollars.

Das Wasser ist ein wertvolles Gottesgeschenk.
Schreibe darüber...

Das frische Wasser.

Das Wasser ist ein Gottesgeschenk: ich weiß, daß es frisch ist, wenn es regnet, wenn es den Bach runterkommt, von der Quelle und das Wasser bildet. Das Meer, die Flüsse, die Meere, die Seen, die Wasserfälle, der Po, alle sind Wasser!

Aus dem Wasser kriegt man Strom. Die Wasserindustrien fangen ihn aus dem Wasser, und dann kriegt man Licht, den Ofen, den Stecker, das Fernsehen, die Glühbirne: aber es ist immer aus Wasser.

Wenn Jesus das Wasser nicht schicken würde, wäre es ein Unglück. Die Pflanzen würden sich verkrumpeln, die Bäume schlaff, die Erde hat Durst, die Tiere würden sterben, ich würde sterben.

Das Wasser dient aber nicht nur zum Wasser trinken, es dient auch zum sich waschen:

1) das Gesicht
2) die schmutzigen Füße
3) die Haare
4) den ganzen Körper

Dann dient es auch dazu, das Auto zu waschen, die Nudeln zu kochen, den Bart zu rasieren und Sodawasser zu machen.

Das Wasser ist ein Gottesgeschenk, aber in Kalabrien ham sies nicht im Sommer.

Beschreibe dich selbst

Ich heiße Enzo der vierte* und bin in Neapel geboren, aber ich lebe in Arzano, wo ich geboren bin. An den Tag wo ich geboren bin, kann ich mich nicht mehr erinnern, aber ungefähr. Ich bin zehn Jahre alt und lebe in Arzano in der Via Traversa Santa Giustina 3.

Mein Körper ist für mein Alter zu klein und auch ein bißchen dick. Mein Gesicht ist oval, aber mehr als eures. Meine Hautfarbe ist blaß, aber im Sommer nicht. Ich habe schwarze Augen, beide gleich.

Ich kann schon Moped fahren, in den nächsten Tagen komme ich in die Schule und zeige es euch.

Ich bin ein bißchen brav und ein bißchen böse. Wenn ich brav bin, bin ich brav, und wenn ich

---

* Da ich in einer Klasse unterrichte, in der nicht weniger als fünf Kinder Vincenzo heißen, habe ich sie durch eine Ordnungszahl unterschieden und sie damit gleichzeitig in den Rang von Majestäten erhoben.

meine fünf Minuten habe, sehr bös. Wie meine Schwester mir die Bücher weggerissen hat, habe ich ihr die Brille kaputtgemacht, ein Glück, daß ich mich geirrt habe und es nur die von Oma war, sonst hätte mich Papa totgeschlagen.

In die Schule nehme ich Frühstück mit und gebe es auch Mimmuccio, der es nie bringt, weil er arm ist. Aber eines will ich doch sagen: Mimmo, bringst du denn nie dein Frühstück mit?

Welches von all den Gedichten,
die du dieses Jahr gelernt hast,
gefällt dir am besten?

Von all den Gedichten, die ich dieses Jahr gelernt habe, hat mir am besten gefallen La Livella von Totò*. In diesem Gedicht sagt Totò, daß die Reichen nicht so angeben dürfen, weil sie reich sind, denn früher oder später müssen sie sowieso sterben. Wenn einer gestorben ist, muß er ob einer reich ist oder nicht reich immer sterben. Die Reichen wenn sie vornehm sind, geben sogar als Tote an.

In diesem Gedicht sagt Totò, daß er zwei Leichen gesehen hatte, die auf dem Friedhof geredet haben. Ohne sich zu muxen, hatte er sich in einem Graben versteckt und gehorcht. Die Leiche Nummer eins war die von einem armen Straßenkehrer, die Leiche Nummer zwei die von einem vornehmen Reichen. Da sagte der Reiche zu dem Armen:

* »livella« bedeutet auf neapolitanisch, daß der Tod alle Menschen gleich macht. (A. d. Ü.)

»Wie konntest du es wagen, dich neben mir beerdigen zu lassen, wo ich soviel Geld hatte« und der Arme sagte, daß daran seine Frau schuld ist. Aber der wollte ihn trotzdem verprügeln, aber dagegen wäre es besser, wenn er seine Frau verprügeln würde, die den Mist gemacht hat. Da hat der Straßenkehrer eine Wut gekriegt und geschrien, also wenn du jetzt nicht still bist, dann verprügle ich nämlich dich!

Dieses Gedicht hat die Bedeutung, daß der Tod für alle gleich ist und daß wir alle Brüder sein müssen, auch wenn wir Leichname sind.

In Arzano gibt es mehr Arme als Reiche, aber einen Reichen kenne ich. Er heißt Doktor Basile* und hat einen Haufen Geld. Aber seine Frau ist arm und verkauft Bildchen an der Treppe. Wenn Basile mal stirbt, läßt er sich ein Grab bauen, daß höher ist wie ein Wolkenkratzer und seiner Frau nur ein Stockwerk.

Wenn sie sich nachts als Tote begegnen, streiten sie dann rum wie in der Livella von Totò.

* Auch hier habe ich einen fiktiven Namen eingesetzt.

Bist du schon einmal im Krankenhaus gewesen?
Schildere deine Gefühle und Eindrücke

Ich bin nie selber in einem Krankenhaus gewesen,
ich meine selber. Aber ich bin wegen jemand anders
dort gewesen, was meine Mutter ist. Meine Mutter
hatte sich schlecht gefühlt nachts am Bauch im
Sommer. Da sagte sie Hilfe, Hilfe, aber mein Vater
konnte nicht fahren, und im ganzen Block war kein
Mensch. Da ging mein Vater in der ganzen Wohnung rum und wußte nicht, was er tun sollte. Da
kam er auf die Idee, in einem Krankenhaus von
Neapel anzurufen, um den Krankenwagen zu
holen, aber das erste Krankenhaus sagte, daß keine da waren; da hat mein Vater beim zweiten
Krankenhaus angerufen und auch dies hatte keine. Und wie er da vor Wut wie ein Verrückter
geschrien hat, haben die gesagt, ruft einen privaten
Krankenwagen. Die Krankenhäuser von Neapel
stecken unter einer Decke mit der Camorra. Das

hat der Kanal 21 gesagt. Die tun so, als wie wenn keine Krankenwagen da wären, damit man die privaten ruft, die Millionen dafür nehmen, einen zu transportieren, der gleich stirbt!

Aber wir können die Millionen nicht zusammenkriegen und mein Vater ist auf die Straße und hat geschrien wie ein Verrückter, daß ihn einer hört. Einer hat rausgeguckt, der gegenüber wohnt und gesagt, keine Angst, ich bring sie hin. Das war der Schmuggler Mezarecchia, aber er war trotzdem gut. Dann hat er Mama ins Caldalelli gebracht. Da bin ich auch gewesen. Im Caldalelli haben alle ganz langsam gemacht, und alle die Fragen gestellt und meine Mutter hat Schlangen im Bauch gehabt vor Schmerzen. Da hat Mezarecchia gesagt: »Gebt ihr der Frau jetzt endlich die verdammte Spritze oder wollt ihr warten bis sie stirbt?«

Und da haben sie sie ihr gegeben.

Aber Platz war keiner, da haben sie sie in den Gang gelegt mit der Nadel drinnen.

Ich habe sie dann eine Woche lang besucht. Im Caldalelli ist alles dreckig, sie waschen nichts, nachts Schaben auf dem Bett! Nachts bumsen die Krankenschwestern!

Aber das schlimmste war eine Schwester, wo alle gezittert haben, wenn sie rumging. Mein Vater sagte, wenn ich der auf der Straße begegne, walze ich sie nieder, auch wenn ich nicht fahren kann!

Im Caldalelli ist es besser, wenn man stirbt.

Schmerzen und Freuden meines Lebens

Ich heiße Flora Giacchetti und habe in meinem Leben viel mehr Freuden als Schmerzen gehabt. Vor allem daß ich ziemlich reich bin, obwohl ich in Arzano wohne. Dann daß mein Vater und meine Mutter jung sind, sie sind erst dreißig. Wir haben auch ein schönes Auto, nämlich einen Fiat Uno. Im Sommer gehen wir immer in Ferien nach Kalabrien. Meine Wohnung ist eine schöne Wohnung mit so vielen Balkonen, auch wenn sie auf den Müll rausgehen. Sonntags gehn wir in die Kirche auf dem Platz und ich mache Kommunion (aber die Erstkommunion habe ich schon gemacht). Ich kann mich also als glückliches Kind ansehen, zur Zeit. Die größte Freude meines Lebens war, als mein Vater den *strike* im »Mattino« machte und sein Foto mit der ganzen Familie und wir alle auf dem Foto in der Zeitung waren.

Um von meinen Schmerzen zu sprechen, muß ich sagen, daß das war, wie mein Bruder weg ist, um Soldat zu werden. Er hat sehr viele Haare gehabt und wollte sie sich nicht abschneiden lassen.

Ein anderer Schmerz ist, wenn die Sommerferien aufhören und man wieder in die Schule geht. Aber der größte Schmerz war, wie Madonna im Fernsehen machte und gerade dann das Fernsehen kaputtgegangen ist!

Wenn ich daran denke, könnte ich verrückt werden.

Du kommst bald aus der Grundschule.
Schildere kurz die wichtigsten Eindrücke,
Personen und Geschehnisse

Mir scheint das nicht wahr, daß ich bald aus der Grundschule komme, mir scheint das wie ein Traum. Weil ich klein hineingekommen bin und groß rauskomme, und wenn ich die Mittelschule verlasse, komme ich noch größer raus.

Wie ich in die erste Klasse gegangen bin, habe ich immer geweint, weil ich noch klein war, aber dann in der fünften habe ich nicht mehr geweint.

Ich habe so viele Freunde in der Schule kennengelernt und hoffe, sie in der ersten Mittelschulklasse wiederzusehen, wenn sie nicht durchfallen.

Die schönsten Dinge in der Grundschule sind gewesen:

Erstens) mein Lehrer, den ich nie mehr vergesse, auch wenn er stirbt,

Zweitens) meine Freunde, außer einem,

Drittens) die Ausflüge.

Der schönste Ausflug, den wir gemacht haben, ist zu den Katakomben gewesen, wie wir Gennaro nicht mehr gefunden haben und ich gedacht habe, daß die Toten ihn sich geholt haben, und wie wir gelacht haben, daß wirs nicht mehr aushalten konnten.

Dann erinnere ich mich an die Gesundheitsuntersuchung, die bei Rosetta auf dem Kopf Läuse gefunden hat.

Ich hoffe, daß Nicola ein bißchen dünner wird, sonst platzt er!

Ich erinnere mich an das Foto aus der vierten, wo mir Antonio die Hörner auf den Kopf gesetzt hat!

Das schlimmste in der Grundschule ist wenns regnet und die Mamas weil sie Angst haben, daß das Kind naß wird, mit dem Schirm ankommen und dich zertrampeln.

Ich hoffe, daß sie mich in der Mittelschule nicht mehr zertrampeln.

Der Lehrer hat in der Klasse
den »Treibhauseffekt« erklärt. Kannst du
das Problem zusammenfassen?

Giustino sagt, der Treibhauseffekt ist nur über Italien, aber er kapiert nicht, wie die Sache ist! Der Treibhauseffekt ist über der ganzen Welt, das ist wie eine Art Schirm, von dem die Sonnenstrahlen zurückgeprallt werden, und die Temperatur steigt. Schuld an dieser Sache ist die Umweltverschmutzung und die Drogen. Der Lehrer hat gesagt, wenn wir nicht aufhören zu:
- rauchen
- Fabriken bauen
- Drogen nehmen
- töten

geht der Treibhauseffekt nicht mehr von der Erde weg und wir sterben alle bis Februar.

In Kalabrien krepieren sie schon vor Hunger, und wenn jetzt da noch der Treibhauseffekt dazu kommt!

Was weißt du über den Blutkreislauf?

Der Blutkreislauf ist ein Kreislauf des Blutes.

Das Blut.

Das Herz.

Die Pumpe.

Wenn die Arterien blau sind, ist das Blut blau.

Es gibt auch die Transfusion des Blutkreislaufs.

Wenn die Mama mit ADS schwanger ist, machen sie dem Kind gleich wie es geboren ist, die Transfusion. Wenn die Gruppe 0 ist, ist alles gut, wenn die Gruppe A, B, C, D usw. ist, kann nur sie es ihm geben.

Das Herz ist wichtiger als der Kopf, weil ohne Herz der Kopf nicht leben könnte.

Wenn wir Fieber haben, müssen wir bis 70, höchstens 80 zählen. Wenn wir zählen, haben wir Fieber, wenn nicht, nicht. Die antitettonische

Spritze ist, wenn der Nagel vor meinem Haus grün vor Rost ist.*

Der Kreislauf bei den Tieren ist nicht gut: man muß sie impfen. Aber die Tiere kriegen keinen Infarkt, weil sie nicht Kaffee trinken.

---

* Die Vorstellung ist ungefähr die: man bekommt eine Antitetanusspritze, wenn man sich an einem rostigen Nagel verletzt hat.

Welches ist dein Lieblingssport?

Für mich also ist der Sport wo mein Lieblings-sport ist, ist der Fusball, weil man da vile Tore schieß, aber beim Schi oder beim Pferd schieß man nichmal ein Tor nicht.

Der Fusball ist prima. Meine lieblings Man-schafft ist der Napoli, der viele Tore schieß. Gullit muß tot abgemurgst werden. Letztjar aber hat der Napoli eine Sauerei gemacht, weil er sich mit Perluscone* abgesprochen. Perluscone hat zu Fer-laino gesagt, wenn du die Meisterschafft verlirst und mir sie giebs, geb ich dir zehn oder zwanzig Miliarden Dolar, du kannst welen. Und Ferlaino hat zwanzig Miliarden gewelt. Die Spieler, wo mit Ferlaino abgesprochen waren: Bagni, Giordano, Garella.

---

* Medienzar Berlusconi (A. d. Ü.)

Dann hat Ferlaino sie verraten und verkauft. Mein Bruder hat gesagt, wenn er dem Ferlaino begegnet, ist es ihm egal, ob Ferlaino ein Freund von Cutolo* is, dem stopft er das Abonama ins Maul, weil nämlich mein Bruder hat vor niemand Angst, nichmal vor Cutolo.

* Camorraboß; Ferlaino ist Manager des »Napoli« (A. d. Ü.)

Erzähle, wie ein Fußballspiel zwischen
der Mannschaft deiner Klasse und derjenigen
der Klasse ... abgelaufen ist

Der Schus von Ciruzzo ist reingegangen und nicht raus, aber der Schiesrichter hat mit dem Lehrer Esposito Kuhandel gemacht, und deshalb hat der den Pokal gewonnen. Wir, unsere Klasse häte siegen gemußt, aber dann hat die vom Lehrer Esposito gewonnen, weil der dem an Weinachten Geschenke bringt und mein Lehrer, wo arm ist, sie ihm nicht bringt. Aber es ist nicht gerecht.

Dann hat der Esposito, wie er die andern Spiele mit den andern Manschaften gewonen hat, groß angegeben wie ein Gockel aufm Dreck, aber wenn wir es geschaft hätten, wären wir nicht der Dreckmist gewesen.

Wenn der Capretto den Ball nicht verschisen hätte, wären wir am Ende den Pokal gewonnen, aber der Hausmeister hat den Esposito gewinnen lassen, sonst bringt der ihm keine Geschenke mehr.

Aber es ist nicht gerecht. Ich weiß jetzt nicht, soll ich dem Hausmeister oder dem Esposito die Luft aus den Reifen rauslassen.

Welche Jahreszeit ist dir am liebsten?

Die Jareszeit, wo mir am liebsen ist, ist die Säso*. In der Säso geht man nicht in die Schule und bringt nicht die Enschuldigung, da ist eine Sonne, ein Meer, eine Hitze! Ich geh nach Montracone und mache Feerien in Montracone. Da ißt das Haus am Meer in Montracone. Am Abend machen wir uns die Supp aus Muschelen und Schneck und am Morgens gehn wir am Meer. Unser Strand heist Lido Varca del mare.

In der Säso ist es schön, weil es nie regnet und die Straßen sind das es geht. Ich fahre mit dem Rad mit zwei Scheinwärfern rum. Innen Külschrank tut mein Alter den Anzug zum Fortgehn rein daß wenn er fortgehn mus, er kühler ist.

Das einzige schlechte an der Säso ist, daß nicht Weihnachten ist.

* Der Sommer

Beschreibe die zwölf Monate des Jahres

Die zwölf Monate des Jahres sind: Januar, Februar, März, April, Mai, Juni, Juli, August, September, Oktober, November und Dezember.

Januar, Februar, März (aber nicht ganz) und Dezember sind Wintermonate; März (aber nicht ganz), April, Mai und Juni (aber nicht ganz) sind Frühlingsmonate; Juni (aber nicht ganz), Juli, August und September (aber nicht ganz) sind Sommermonate; September (aber nicht ganz), Oktober, November und Dezember (aber nicht ganz) sind Herbstmonate.

Januar ist der Monat, der mir am liebsten ist, weil außer daß die Befana kommt, kommt auch mein Name und mein Geburtstag; Februar ist mir am liebsten, weil Karneval kommt; März ist mir am liebsten, weil der Frühling kommt; April ist mir am liebsten, weil Ostern kommt; Mai nichts; Juni ist mir am liebsten, weil der Sommer kommt; Juli ist mir am liebsten, weil ich in Ferien gehe; August nichts; September ist mir am liebsten, weil die Fußballmeisterschaft beginnt; Dezember ist mir am liebsten, weil Weihnachten kommt.

Im Januar ist es kalt, im Februar kalt, im März ist es verrückt, im April ist es warm, im Mai warm, im Juni warm, im Juli heiß, im August heiß, im September kühl, im Oktober kühl, im November kühl, im Dezember kalt.

Ich möchte noch viele andere Sachen über die Monate sagen, aber mehr als das weis ich nicht.

Warum gibt es deiner Meinung nach
an der Schwelle zum Jahr zweitausend
noch immer so viele Kriege?

An der Schwelle zum Jahr zweitausend gibt es immer noch so viele Kriege, weil es der Teufel ist, er ist es, der sie ausbrechen läßt. Er geht in den Kopf von den Fürern der Welt rein und sagt zu ihm: »Laß sofort einen Krieg ausbrechen!« und wenn dann der Fürer zu ihm sagt: »Aber ich hab doch grade erst einen beendigt«, sagt der Teufel zu ihm: »Das ist mir doch egal! Laß einen neuen ausbrechen.« Und so, weil es soviele Teufel giebt, geht jeder zu einem Fürer und spricht ihm ins Ohr, und dann bricht der Weltkrieg aus.

Der böseste Mann der Geschichte war Itler, böser noch als Nero und Martin Luter, weil er wegen der Schuld von dem Teufel hundert Millionen Juden getötet hat und aus ihnen Seifen, Kerzen und Rasirwasser gemacht hat.

Und genau jetzt wie ich schreibe, genau gerade jetzt bereitet der Teufel den dritten Weltkrieg vor, weil er wird nie müde, Böses zu tun!

Erkläre die Bedeutung dieses Satzes
von Jesus: »Es ist leichter, daß ein Kamel
durchs Nadelöhr gehe als daß ein Reicher
ins Himmelreich komme«

In Arzano sind wir zum Glück alle arm.

In Arzano gibt es niemand, der um Almosen bettelt, weil er weiß, daß niemand es ihm geben kann.

Aber einen Reichen gibt es: das ist der Bürgermeister von Arzano, der hat einen Mercedes, einen Testarossa und ein Fahrrad. Bei ihm geht das Kamel durch!

Dieser Satz von Jesus bedeutet, daß die Reichen egoistisch sind und die Armen nicht. Ich kenne (aber nicht in Arzano, in Neapel) eine Familie, wo ein Bruder keine Wohnung hat und ein anderer Bruder drei Wohnungen hat, und dieser Bruder, wo drei Wohnungen hat, flucht, weil er nur drei Wohnungen hat und nicht vier, und der andere Bruder betet zur Madonna, daß sie ihm wenigstens eine kleine Wohnung gibt. Dieser Bruder, wo drei Wohnungen hat, geht jeden Sonntag zur Kommunion, aber dem andern Bruder, wo keine Wohnung hat, gibt er nicht einmal eine Wohnung. Bei dem Bruder mit den drei Wohnungen geht auch das Kamel durch!!

Die Zigeuner sind stinkigreich, die haben sogar einen Wonwagen und einen Hund, aber sie tun so, als wie wenn sie arm wären, damit sie ins Paradis kommen! Hört nur, was die bei der Taufe von Rosetta gemacht haben, hör auch du, Mimmo, denn du bist ja nicht dabeigewesen. Die haben von meinem Onkel Geld verlangt, weil sie gesehen haben, daß er gut angezogen war, mein Onkel hat es ihnen nicht gegeben, dann haben die Zigeuner ganz leise Flüche losgelassen. Aber mein Onkel hat es genau gehört und sprach: »Sollen selber alle verreggen!«

Einmal ist in Arzano ein Ross-Ross* durchgekommen mit einem Reichen drin: wenn der stirbt, kommt er gleich in die Hölle.

* Rolls-Royce

115

Erzähle von deiner Pfarrkirche

Meine Kirche war keine Pfarrkirche, aber nach dem Erdbeben ist sie Pfarrkirche geworden. Der Pfarrer heißt Don Gaetano Speranzella und er ist nett, wenn sein Namenstag kommt, kauft er Kuchen für uns. Er hat uns sehr gern, weil wir vom Katholischen Bund sind und auch ein bißchen Messe dienen.

Die Kirche heißt Santa Maria Apparente von Caivano, Provinz Caivano. Sie ist sehr schön, weil sie neben dem Kino ist. Sie hat viele Stühle, viele Kreuze und viele Madonnas. Sie ist ein bißchen alt und ein bißchen modern, aber seit dem Erdbeben ist sie mehr alt.

Don Gaetano bereitet uns für dem Kataklismus* vor und will nicht, daß wir Pommes mit in die Kir-

* Katechismus

116

che bringen. Wenn er uns die Beichte nimmt, ist er anständig und gibt nicht so schrecklich an.

Auch der Mesner ist anständig, er heißt Don Pascale und läutet die Glocken, einmal hatte er sie auch mich läuten lassen. Wenn ich meine Erstkommunion mache, bin ich brav.

An Karneval herrscht ein
fröhliches Treiben . . .

Letztes Jahr habe ich mich als Aschenputtl angezogen, und auch dies Jahr ziehe ich mich als
Aschenputtl an, weil das ist ein einfacher Anzug, du
brauchst nur Lumpen dazu.

Karneval ist sehr schön, und es herrscht ein fröhliches Treiben. Ich schmeiß der Maria immer das
Konfetti in den Hals und heb sogar das Kleid hoch.
Aber auch wenn an Karneval ein fröhliches Treiben
herrscht, schmeiß ich den Leuten nie fauliche Eier
auf den Kopf, weil ich bin nicht so frech wie der
Giustino.

Arzano bei Neapel und Arzano in Frankreich
haben eine Städtepartnerschaft begründet, und
du warst bei den Feierlichkeiten dabei.
Was denkst du darüber?

Ich hab gedacht, daß es auf der Welt nur ein Arzano gibt, was unseres ist, und wie ich dann gehört habe, daß es auch eines in Frankreich gibt, hab ich zuerst mal gedacht, die wollen uns nachmachen, aber dann hab ich gesagt, also gut, macht nix.

Mein Arzano, das kenne ich, ich weiß wie es ist, auch wenn ich in Frattamaggiore geboren bin, aber das Arzano in Frankreich kenne ich nicht, doch ich glaube, daß es gleich wie unseres ist, zu was hätten sie denn sonst die Partnerschaft gemacht?

Wie die Franzosen nach Arzano gekommen sind, haben alle sie mitten auf der Straße gegrüßt, sie haben gesagt: ciao, Arzaner von Frankreich! Sie haben gelächelt wie wir, sie haben gewunken wie wir, aber vielleicht haben sie gar nichts verstanden. Ich hab gedenkt, was weiß ich, wie die Franzosen aussehn. Sie sehn genauso aus wie wir, bloß ein bißchen französischer. Einen habe ich angehalten. Zuerst hab ich ehrlich ein bißchen Schiß gehabt, weil das Franzosen waren, aber dann hab ich mich zusammegerissen. Dann habe ich nicht gewußt, was ich zu ihm sagen soll, aber da hab ich zu ihm gesagt: Napoleon. Der hat gelacht wie ein Pferd, weil er kapiert hat, und er hat mir sogar einen Kuß gegeben.

Am Tag, wo das Fest war, sind wir mit der ganzen Schule ins Metropol-Lucia-Kino, da in der Nähe, wo Enzo wohnt, und da waren auch alle Mütter und die andren Schulen. Man hat überhaupt nichts verstanden. Ich hab gedacht, ich bin in der Hölle. Die Franzosen waren in der ersten Reihe, dann ist auch der Bürgermeister von Arzano gekommen. Der französische Bürgermeister hat wie er geredet hat, gut geredet, auch wenn man nichts verstanden hat, unseren Bürgermeister kennen wir schon und da haben wir ein bißchen weniger geklatscht.

Mein Lehrer hat etwas gesprochen, was am schönsten von allem war, und die Franzosen haben geklatsch. Nicola hat so getan, wie wenn er aufs Klo muß und ist abgehaun.

Nächstes Jahr müssen wir zu ihnen gehn.

Beschreibe deinen Banknachbarn

Mein Banknachbar ist keiner, sie sind alle weit weg, weil es so ist, daß ich in Betragen sehr schlecht bin, und da hat mich der Lerer allein gesezt, um nicht mit dem Banknachbar zu reden. Aber die andern, die seh ich trotzdem, Giustino, Mimmo, Pasquale, Flora. Giustino redet mehr wie ich, aber der sitz nie allein, möchte wissen, warum? Flora hat Läuse aufm Kopf, ein Glück, daß die nicht neben mir sitz. Flora, brauchst gar nicht heulen, weil ich das gesagt habe, weil es ist die Wahrheit. Mimmuccio schwänz immer freitags, ich weiß auch warum, aber ich kanns nicht sagen, sonst gehn alle hin. Pasquale ist gut, aber nicht mündlich. Antonio bringt wenn er in den Katatechismus kommt immer Essachen mit und Don Peppino verschimft ihn.

Ich weiß alle Sachen über alle, aber es ist nicht gerecht, daß ich allein bin.

In den Fernsehnachrichten wird oft über
Verbrechen berichtet. Meinst du, daß diese
Art von Berichterstattung richtig ist, oder
wünschst du dir andere Fernsehnachrichten?

Wenn ich ehrlich sagen soll, also echt ehrlich, mir gefallen die Fernsehnachrichten um eins, weil die sehe ich nicht, denn ich komme erst nach eins aus der Schule. Dagegen die Fernsehnachrichten abends, die hasse ich wirklich. Wenn mein Vater abends feierabends macht essen wir vor dem Fernseher. Aber kaum setzen wir uns hin, fangen die an, also die Fernsehnachrichten. Die fangen immer dann an, wenn wir anfangen. Papa ist der, wo sie anmacht. Kaum macht er sie an, kommt gleich das erste Unglück, dann wenn wir das erste essen, das zweite Unglück. Wenn wir am Tisch sitzen, essen wir immer nur mit den Unglücken. Dann wenn wir fertig sind, und das Gesicht von Gheddafi auftaucht, läßt Papa einen Rülpser raus.

Wenn mein Vater sieht, daß da NEAPEL geschrieben steht, sagt er: »Seid mal alle ruhig, damit

man sehen kann, was wieder für ein Unglück geschehen ist.« Papa sagt, wenn sie Neapel zeigen,
ist es immer nur, um über ein Unglück zu reden
und daß, wie Neapel die Meisterschaft gewonnen
hat, die in Turin sich in den Arsch gebissen haben.

Da ist so ein Idiot, wo die Fernsehnachrichten
spricht, das ist ein Pickelheini und lacht wie ein
Pferd.

Mir gefällt von den Fernsehnachrichten nur der
Fußball, aber nicht, wenn der Napoli verliert.

Ich hätte gern, daß sie die Fernsehnachrichten
nicht immer gerade dann machen, wenn wir essen,
sondern ein bißchen später, dann könnten wir
wenigstens in Ruhe essen!

Der Napoli hat die Meisterschaft
gewonnen. Welche Gefühle hat dieser Sieg
bei dir ausgelöst?

Ehrlich gesagt, bin ich eigentlich nicht aus Neapel, weil ich in San Giorgio a Cremano bei Neapel geboren bin. Da muß man erst die Umgehungsstraße nehmen, dann die Autobahn Richtung San Giorgio a Cremano und bei San Giorgio a Cremano rausfahren.

Mein Vater war aber aus Neapel, Ausfahrt Capodichino. Meine Mutter aus der Via Duomo. Dann sind wir nach Arzano gekommen.

Ich bin sehr froh gewesen, wie der Napoli die Meisterschaft gewonnen hat, weil er es wirklich nicht mehr aushalten konnte. Er hat sechzig Jahre lang immer nur verloren, und alle anderen Mannschaften haben ihn immer nur ausgelacht. Ich halte mich für ein glückliches Mädchen, weil als ich geboren bin nur neun Jahre vergangen sind, bis der Napoli die Meisterschaft gewonnen hat, aber mein

Vater hat mir gesagt, daß ein Freund von ihm, der neunundfünfzig Jahre alt war, neunundfünfzig Jahre lang darauf gewartet hat, daß der Napoli die Meisterschaft gewinnt, und dann ist der gestorben, und im nächsten Jahr hat der Napoli die Meisterschaft gewonnen, und das ist ein unglücklicher Mann.

In meiner Gasse haben alle geknallert, wir haben die alten Stühle vom Balkon runtergeschmissen und haben den Pappaei aus dem Käfig gelassen, der war schon halbtot, um ihm die Freiheit zu geben, bevor er starb.

Wenn der Pappaei nicht sterben wird, hat ihm die Meisterschaft des Napoli die Freiheit geschenkt.

Ist es deiner Meinung nach richtig,
die Schwarzen und alle übrigen zu verachten,
weil sie anders sind als wir?

Ich weiß jetzt schon genau, daß alle sagen, daß es nicht richtig ist, aber ich sage trotzdem, daß es richtig ist. Weil ich glaube nämlich, daß die Menschen nicht alle gleich sind, es gibt die Schönen, die Häßlichen, die Großen, die Kleinen, die Intelligenten und die Doofen. Und so sind auch die Völker verschieden. Zum Beispiel, ich kann die Deutschen nicht leiden und hasse sie, weil sie immer den Krieg ausbrechen lassen, ich kann die Engländer nicht leiden und hasse sie, weil sie immer sagen, daß sie besser sind als alle andern, ich kann die Franzosen nicht leiden und hasse sie, weil sie immer den Weinkrieg mit uns machen. Die Schwarzen kann ich nicht nicht leiden und hasse sie nicht, weil sie mir nichts gemacht haben, aber sie stinken, und wegen dem kotzen sie mich ein bißchen an.

Mir gefällt nur Italien!!!

Der Hunger in der Welt

Der Hunger in der Welt ist sehr groß. Es gibt Völker, die vor Hunger sterben. Es gibt da die Fliegen. Die Krokodile. Die Spinnen. Den Hunger. Das ist Afrika.

Aber auch Indien ist nicht zum Lachen.

In China bezahlen sie dich, wenn du ein Kind nicht kriegst. Der Hunger in der Welt wimmelt wie die Würmer, wie die Regenwürmer. Es gibt sehr reiche Länder, die nichtmal wissen, wo der Hunger zu Hause ist, aber da ist Indien, Afrika, die Basilikata, die wissen es, wo der Hunger zu Hause ist!

Die Welt ist zum Kotzen. Die Erde ist zum Kotzen. Der Mensch ist zum Kotzen. Die Welt verhält sich wie der reiche Prasser, und Lazarus wäre dann Afrika und auch ein bißchen von Peru. Peru war früher einmal sehr reich, jetzt tut ihm der Bauch weh vor lauter Hunger.

Die Welt ist zum Kotzen, ich habe keine Angst, das zu sagen, weil ich bin der Klassensprecher und bestimmte Sachen darf ich sagen.

Und so schließe ich diesen Aufsatz mit diesen Worten: DER MENSCH STAMMT NICHT VOM AFFEN AB, SONDERN VOM VAMPIR!

In einer Woche ist Muttertag.
Sprich über die Mütter im allgemeinen
und über die deine im besonderen

Ich weiß, wie die Kinder auf die Welt kommen: sie werden von der Mama geboren und nicht vom Storch. Der Storch ist eine Art Kranich, ich meine Kranich, das Tier, nicht den Kran zum Bauen.

Mimmo, der glaubt immer noch, daß sie von den Störchen geboren werden! Er glaubt auch noch an die Befana! Ich könnte mich totlachen über Mimmo!

Die Mama ist eine ernste Sache. Sie opfert sich von unserer Geburt an. Sie produziert die Milch für uns. Wenn wir klein sind, produziert sie die Milch, weil sie ein Säugetier ist, ein Mammalia, deshalb heißt sie Mama.

Wenn wir groß werden, produziert sie nicht mehr. Aber wenn ein neues Kind auf die Welt kommt, produziert sie gleich wieder.

Die Mama opfert sich für uns bis zum Tode. Sie

bringt uns zur Schule, sie wäscht uns, sie zieht uns an, sie gibt uns zu essen, sie unterschreibt das Zeugniß. Eine echte Mama leidet und wenn kein Geld im Haus ist, tut sie so wie wenn nichts wäre.

Wenn man nichts zu essen hat, weil der Ehemann arbeitslos ist, macht die Mama das Gewerbe.

Und jetzt muß ich über MEINE Mama sprechen.

Meine Mama produziert keine Milch.

Sie schminkt sich nicht, sie geht nicht zum Frisör, die Haare macht sie sich zu Hause: da kommt die Frau von nebenan und macht sie ihr.

Manchmal, wenn sie mit meinem Vater eine Wut kriegt, gewinnt sie.

Was ich ihr zum Muttertag schenke, weiß ich noch nicht, vielleicht eine Überraschung.

Was weißt du über die
Französische Revolution?

Die Französische Revolution hat gesehen, daß da die Amerikanische Revolution war und hat die Französische Revolution gemacht.

Die Könnigin Marie Antoniette hat sich ein schönes Leben gemacht, sie ist um fünf nach zwölf aufgestanden, hat zum Frühstück einen Capuccino mit einem mottino* getrunken, sich dann das Gesicht, die Fingernägel, das Bide gewaschen. Marie Antoniette hat sich Kleider und Schmuck mit dem Geld von den Steuern von den Armen gekauft. Dann hat sie vor allen Leuten immer einen großen Tanz gemacht. Sie hat sich nicht um ihre Kinder gekümmert, hat sie nicht gesäugt, nicht gekämmt, sie hat nur an sich gedacht. Auch der König hat furchtbar angegeben, der hat geglaubt, er ist Gott. Bei ihm

* ein Markengebäck (A. d. Ü.)

zuhaus da herrschte ein Luxus, sie lebten im Luxus, alles war aus Gold: die Stühle Gold, die Gläser Gold, die Bestecke Gold. Aber das Volk grepierte vor Hunger und seine Bestecke waren nur aus Plastik.

Also hat es losgebrüllt, es sind ihm vor Nervösheit die Nerven durchgegangen, und so ist die Französische Revolution ausgebrochen. Sie haben alle verprügelt. Sie haben zugeschlagen. Einer hat dem andern sogar ins Gesicht gespuckt. Es setzte Prügel. Wenn Brus Li* dagewesen wäre, hätte der sie in die Luft geschmissen.

Sie gingen zur Bastille und nahmen sie sich, dann haben sie die Gilljotine erfunden und immer die Köpfe abgeschlagen. Der König hat sich wie ein Bauer angezogen, um zu fliehen, aber sie haben ihn trotzdem geschnappt und töteten ihn. Marie Antoniette hat sogar noch auf der Gilljotine angegeben und gesagt, ich bin schöner wie die Französische Revolution. Und sie töteten sie.

Dann kam Napoleon.

* Bruce Lee, karatekämpfender Filmstar

Welche von den vielen biblischen Geschichten
hat dich am tiefsten berührt?

Er sprach zu ihm: »Moses (vielmehr Noah), die Welt ist sehr schlecht, wenn du nicht eine Arsche baust, werden schließlich alle sterben, und das ist nicht gut. Baue sie. Und hinein mußt du alles tun, was hineingeht. Tue zuerst dich hinein, dann deine Frau und deine Kinder, mach das alles sehr gut. Wenn ihr euch eingerichtet habt, tue auch die guten Tiere hinein, die bösen laß die im Regen. Jetzt sage ich dir, welches die guten Tiere sind und welches die schlechten. Die guten sind: du, deine Frau und deine Kinder, die Kuh, der Ochse, der Stier, die Zicke, der Löwe, wenn er gefressen hat, das Pferd, das Zebra, der Hund, die Katze, das Äffchen, der Elefant, die Giraffe, der Eidechs, der Spatz, das Schwein, du, deine Frau und deine Kinder. Die bösen Tiere sind: die Schlange, der Geier, die Ratte, die Hyäne, der Löwe, wenn er nicht gefressen hat, der Bergwolf, der Hai, das Wildschwein, die schwarze Fledermaus. Die anderen kannst du selber aussuchen.«

Und Noah tat das. Er baute ein risiges Schiff, und nahm einen besonderen Leim und klebte alles fest zusammen. Dann ließ er alle Tiere herein, zu den guten sagte er, bitte, kommt herein, zu den bösen, was wollt ihr hier, und so teilte er sie. Nur einer blieb übrig, der gut war, aber nicht hinein wollte, und das war der Esel. Da zog ihn die ganze Familie und schob ihn, der eine am Hals, der andere am Hintern, aber er muggste sich nicht. Es war sehr schwer. Er machte IA vor Nervösheit. Dann am Schluß ging er hinein. Gerade noch im letzten Augenblick, weil dann gleich ein bißchen Sintflut kam.

In diesen Tagen kamen in einer Fernsehfassung »Die Verlobten«, deren Geschichte wir letztes Jahr durchgenommen haben. Kannst du sie kurz nacherzählen?

Um die ehrliche Wahrheit zu sagen, also echt die ehrliche Wahrheit, kann ich mich nicht an die ganze Geschichte erinnern, weil seit wir die kleine Szene in der Schule gehabt haben, sind viele Zeiten vergangen. Aber an eine oder zwei oder drei Sachen erinnere ich mich noch.

Es waren einmal zwei Verlobte, die wollten heiraten, weil sie sich für die Ehe gern hatten. Aber da war ein anderer, ein Böser, ein Schuft, ein Schwein, der Tonrodrico hieß. Der wollte unbedingt die Lucia, aber richtig mit Absichten! Er wollte die Sache mit den Schweinereien machen, nicht, weil er sie gern gehabt hat. Da sagte er zu zwei Räubern: »Geht zu dem Pfaff, daß er sie nicht heiraten darf, wenn ihr das nicht schafft, braucht ihr gar nicht zurückkommen, aber seht zu, daß ihr zurückkommt.«

Die Räuber gingen, begegneten ihm, und wie der Pfaff sie da so mit breiten Beinen vor sich sieht, hat er sich fast in die Hosen gemacht. Er hat vor Angst geschloddert. Er will abhauen, aber die Räuber haben ihn festgehalten und zu ihm gesagt, paß bloß auf, wehe du heiratest die Verlobten, dann machen wir dich kalt.

Der Pfaff hat vor lauter Angst gefolgt, und wie er das Renzo und Lucia sagt, haben Renzo und Lucia gestritten, laut rumgeschrien und sich fast Fußtritte gegeben. Und dann haben sie sich verlassen. Der eine ist gegangen, die andere ist zu der Nonne von Monza gegangen. Dann hat Tonrodrico gesehen, daß Lucia schön war und wollte sie sich nehmen. Dann hat er immer einen Mordstanz gemacht.

Dann ist die Pest gekommen und auch ein bißchen Cholera. Alle sind gestorben, man ist immer zwischen Leichen rumgestolpert, wer nicht tot war, war es fast.

Tonrodrico wurde gelb im Gesicht und stank von der Pest. Als er heimging hat er schon wie er heimging gestunken und alle haben sich unter den Bänken versteckt. Und sie haben zu ihm gesagt, verspritz dein Blut, du Stinkschwein!

Und er starb.

Die Lucia hat einer geraubt gehabt, aber nicht weil er sie küssen wollte, sondern weil der Tonrodrico es zu ihm gesagt hatte. Lucia kehrte zurück, Renzo hat sie nicht gefunden, hat alle guten Leute gefragt, ob sie Lucia sehen, aber sie waren alle tot, der Rauch kam aus den Häusern. Es gab keine lebende Seele. Alle Brote waren auf dem Boden. Dann begegnet er einem lebendigen Priester, der es ihm sagt. Er sagt: »Mach schnell, sonst stirbt auch Lucia und du bleibst allein, so in sechs oder sieben Minuten sterbe auch ich.«

Und er ging, und er traf sie, und sie heirateten, und zogen in eine andere Stadt. Sie gingen fort nach SPANIEN!

Nachwort

Nur mit einer gewissen Befangenheit kann ich dieses Buch, in dem Europäer sprechen, einem Publikum von Europäern vorstellen.

Befangenheit, weil es hier um arme Europäer – und damit nicht genug: um arme europäische Kinder – geht. Diese Kinder leben in Arzano, einem Dorf bei Neapel. Wenn man von Neapel und seiner ganzen Umgebung spricht, sagen auch in Italien viele Leute, daß dies nicht mehr zu Europa gehört, sondern eher zu Afrika oder zum Orient. Aber es ist doch eine geographische Gegebenheit, daß Neapel in Europa liegt und Arzano auch. Viele Hoffnungen haben die Kinder von Arzano nicht, was ihre Zukunft betrifft. Aber eine Hoffnung heißt Europa.

Die vorliegende Sammlung von sechzig Schulaufsätzen, die die Kinder der Grundschule von Arzano verfaßt haben, ist in Italien ein außerordentlich großer Erfolg. Und dieser Erfolg läßt sich auch leicht erklären: es gibt Bücher, die uns zu Tränen rühren, und Bücher, die uns zum Lachen bringen, doch bei diesem hier weinen und lachen wir zugleich.

Zum Weinen ist die grauenvolle Welt, in der diese Kinder von Arzano leben – eine Welt, in der die heute auch in bestimmten Stadtgebieten anderer Metropolen herrschende Zerrüttung mit all ihren Begleiterscheinungen von Gewalt, Schmutz, Drogen und jeder Form von Kriminalität mit dem traditionellen Elend des Südens zusammentrifft – aber die Art, wie diese Kinder darüber schreiben, reizt auch zum Lachen.

Lachen müssen wir über ihre Fehler, aber auch über ihre originellen, manchmal geradezu tiefsinnigen Ansichten, und erheiternd wirkt ihre sympathische Art, die Frische und Pfiffigkeit, die aus den meisten dieser Aufsätze spricht.

Daß die Kinder von Arzano auf diese Weise zur spontanen Niederschrift ihrer Aufsätze angeregt worden sind, verdanken sie ihrem Lehrer, Marcello D'Orta. Er hat die Texte auch aufbewahrt und nun als Buch veröffentlicht.

Ich bewundere Marcello D'Orta, wie ich all jene bewundere, die den Mut aufbringen, in unwirtlichen Gegenden, wo alles immer nur noch schlimmer zu werden droht, auszuharren und ihr Bestes zu geben. Marcello D'Orta hat es geschafft, in einer Gegend wie Arzano, wo man von den Kindern vor allem erwartet, daß sie schnell erwachsen und zynisch werden, ein wunderliches Gärtchen zu hegen, in dem kindliche Liebenswürdigkeit und Narrenfreiheit gedeihen – wenn das kein Verdienst ist!

Hin und wieder denke ich fast, daß ich selber vielleicht gar nichts zu erzählen gehabt hätte, wenn ich nicht in Neapel geboren wäre. Wer weiß, vielleicht wäre ich dann mein Leben lang Ingenieur geblieben und hätte vom Schreiben immer nur geträumt. Damit möchte ich nur sagen, wie wichtig Neapel für mich ist, und meine Leser wissen es im übrigen ja genau.

Aber das Neapel von heute macht mir Angst, und ich fürchte immer wieder, daß seine Lebendigkeit und sein Charme verloren sind; daß es da nur noch die Schießereien der Camorra gibt. Vielleicht ist es doch nicht so. An der Art, wie diese Kinder sich ausdrücken und geben, erkenne ich, daß trotz aller Veränderungen noch etwas vom alten neapolitanischen Geist erhalten geblieben ist.

Ich selber habe sehr spät, erst als Neunundvierzigjähriger, mit dem Schreiben angefangen; meine tapferen jungen Kollegen aus Arzano hingegen haben unter der Anleitung ihres Lehrers schon sehr frühreif begonnen. Ich wünsche ihnen, daß sie vom deutschsprachigen Publikum so gut aufgenommen werden wie ich, und daß der eine oder andere von ihnen seine so erfolgreich begonnene Schriftstellerkarriere auch fortsetzen kann.

Luciano De Crescenzo

Gott hat uns alle gratis erschaffen

Vorwort

Ich bin immer ein Gegner von Fortsetzungen erfolgreicher Filme oder Bücher gewesen. Im besten Fall kommt dabei ein Abklatsch des Originals heraus, und irgendwie steckt auch immer Berechnung dahinter. Daher habe ich den Ratschlägen, Vorschlägen und sogar liebevollen moralischen Erpressungsversuchen all jener, die mich seit langem auffordern, dem Band *In Afrika ist immer August* eine weitere Folge hinterherzuschicken, beharrlich widerstanden, wobei mir diese Flut wohlmeinender Überzeugungsversuche allerdings manchmal so lästig wurde, daß ich fast schon versucht war, ihnen nachzugeben, nur um meine Ruhe zu haben.

Daß ich es mir dann doch anders überlegt habe, lag nicht daran, daß meine heroischen Abwehrkräfte vollends zusammengebrochen wären, sondern an einem glücklichen Zufall. Eine meiner Schwestern, die in Mailand Religion unterrichtet (von uns D'Ortas gibt es ein halbes Regiment), erzählte mir, als sie einmal auf Besuch kam, daß ihre alles andere als braven Schüler merkwürdigerweise immer wieder gern Aufsätze über »heilige« Themen schrieben und dabei manchmal wirklich sehr witzige Einfälle hätten. »Glaub mir«, sagte sie voller Überzeugung, »die können es mit deinen kleinen Teufeln von Arzano aufnehmen.« Und da fühlte ich mich denn plötzlich wie Paulus auf dem Weg nach Damaskus, erst recht, nachdem ich ein paar Kostproben dieser mailändischen Schulaufsätze genossen hatte. Nur leider konnte ich nichts damit anfangen, es sei denn, ich übersetzte sie ins Neapolitanische...

Aber die Idee war geboren. Also machte ich mich auf die Jagd. Ich selber unterrichte schon länger nicht mehr, bin aber immer noch in besten Beziehungen mit den Kollegen von Arzano und Umgebung, ja sogar mit einigen Religionslehrern. Und diese Freundschaften habe ich dann hemmungslos ausgebeutet, habe gedrängelt, gebettelt, animiert und nicht selten Themen geliefert und Richtungen gewiesen. Nicht, daß alle nun begeistert reagiert hätten, anfangs tröpfelte das Material nur spärlich. Aber dann begann ihnen das Spiel allmählich Spaß zu machen, und sie machten sich, von den ersten Erfolgen (sehr) ermuntert, kräftig ans Werk. Das Ergebnis war hochbefriedigend. Auch meine Schwester hat dabei mitgewirkt und mit viel Geduld ihr Archiv durchstöbert, um mir alle Aufsätze ihrer kleinen süditalienischen Schüler, diesen mehr als rechtmäßigen Erben »meiner« Kinder von Arzano, zu liefern.

Ich las, wägte ab, wertete aus, suchte wie immer nach den witzigsten und unverfälschtesten Stellen. Das hat mich viel Arbeit gekostet und oft den Einsatz der Schere, manchmal auch den des Klebstoffs gefordert. Bis dann eines Tages (Seufzer der Erleichterung) eine überzeugende Auswahl vor mir lag. Oder zumindest eine Auswahl, die mich überzeugte. War hier nicht ein Bild des süditalienischen Kindes aus einem ganz ungewöhnlichen Blickwinkel entstanden:

furchtsam und frech, schelmisch und abgeklärt, mit seiner pittoresken Ausdrucksweise, seinem zuweilen surrealen Humor, vor allem aber der angeborenen gelassenen, ja fast fröhlichen Hinnahme des Schmerzes. An den farbigen Episoden und »übernatürlichen« Zeichen entzündet sich eine Phantasie, die Spiel, Ausbruch und Trost in einem ist. Aber auch ein Lehrstück über das Leben. Das sich, wie ich hoffe, auf den Leser überträgt.

Marcello D'Orta

Das Alte Testament

Warum hat uns Gott erschaffen?
(Verstreute Gedanken)

Es ist nachgewiesen, daß es Gott war, der uns erschaffen hat.

Gott hat uns erschaffen, um uns seelenruhig ins Paradies zu schicken.

Gott hat uns erschaffen, weil er uns lieber gemocht hat, als vorher.

Gott oder sonstwer, einer mußte uns ja schaffen...

Gott hat uns alle gratis erschaffen.

Gott hat auch die Neger erschaffen, bloß daß die es nicht wissen.

Wenn Gott uns erschaffen hat, ist das sein Scheiß.

Gut, daß Gott uns erschaffen hat, nur hat er ein biß-chen übertrieben.

Auf der Unfallstation hat einer nicht glauben wollen, daß Gott uns erschaffen hat.

Zuerst schuf Gott den Menschen und dann zähmte er ihn.

Gott schuf uns uralt.

Gott hat uns mit viel Vorsicht erschaffen.

Wenn Gott uns erschaffen hat, warum wird dann mein Bruder ins Internat geschickt?

Gott hat uns erschaffen, damit wir verkehren.

Also, wenn Gott gewußt hat, daß die meisten in die Hölle kommen, warum hat er uns dann erschaffen?

Als ihr erklärt habt, warum Gott uns erschaffen hat, habe ich gefehlt.

Gott schuf die Schöpfung in sieben Tagen, gleich einer Woche. Als erstes machte er die Fische, dann schuf er den Himmel, die Erde, die fliegenden Tiere, das Meer, die Tierrassen, die Sterne und den Menschen nach seinem Ebenbild. Den ersten prähistorischen Mann nannte er Adam, und dann fragte er ihn, ob er glücklich sei, daß er ihn ins irdische Paradies getan hätte und ob ihm nicht was fehle. Nein, nein, sagte Adam, mir geht es sehr gut, so glücklich wie ich bin. Aber Gott schuf ihm die Frau.

Die Frau hieß Eva, weil sie sehr langes Haar hatte. Gott schrie: »Ihr könnt alle Früchte von den Bäumen kosten, Birnen, Trauben, Kirschen, Melonen, nur den Apfel nicht, wenn ihr den Apfel eßt, werdet ihr die Erbsünde haben.«

Eines Tages wurde Eva von der Schlange verführt, die zu ihr sagte: du wirst größer werden als

Jesus, wenn du diesen Apfel ißt. So hat Eva ihn gegessen, und als Adam heimkommt, gibt sie auch
ihm ein Stückchen. Wie Gott das sah, erzürnte er
und schrie: »Du Eva wirst deine Söhne Kain und
Abel unter Schmerzen gebären und von jetzt an
werdet ihr alle den Schweiß kennenlernen.«

Und in der Tat gebar Eva schwitzend.

Wie seine Rippe schlief, schuf Adam die Eva.

Adam un Deva lebten immer im Paradies, auch unter der Woche. Sie waren sehr glücklich und lachten immer, wie Al Bano und Romina Pauer.

Adam un Deva gehorchten nicht dem Befehl Gottes, den Apfel nicht zu essen, und deshalb jagte Gott sie aus dem Paradies. Und sagte: »Als erstes verjage ich euch alle beide, zweitens werdet ihr sterben. Und du Eva wirst zwei Zwillingssöhne gebären, die aber sehr verschieden im Charakter sind.«

Abel war ein sehr netter Junge, sehr heutig; Kain nicht, der war ein Schwein und ein Schuft. Wie diese Söhne geboren sind, sagte Eva zu ihnen: »Jetzt müßt ihr gleich die Erde mit großem Schmerz bearbeiten, weil auch ihr ein bißchen Erbsünde auf euch habt.«

Abel weidete mit den Schafen. Kain übte den Bauern aus. Aber Gott gefielen Abels Geschenke besser, und die beiden Brüder haben immer wie verrückt herumgestritten.

Eines Tages nahm Kain einen Stock und haute ihn übertrieben auf Abels Kopf, und Abel starb.

Dies ist der erste Mord der Dritten Welt, später kamen noch sehr viele andere.

Gott stellte zuerst den Himmel her, die Sonne, die Wolken, die Sterne, die Erde, das Meer, die Tiere und dann ließ er sich urplötzlich den Menschen einfallen. Und er sprach zu dem Mann, ich heiße dich Adam, und deine Rippe, die heiße ich Eva. Ihr seid Mann und Frau.

Adam und Eva waren ein wunderschönes Paar, aber sie hatten Pech mit ihren Kindern. Von den zwei, die sie gehabt haben, wurde der eine ein Mörder und ein anderer tot.

Sie hießen Kain und Abel. Kain und Abel waren zwei brave Kinder, aber im Laufe der Jahre waren sie nicht mehr wiederzuerkennen. Sie wetteten, wer Gott sympathischer war, und Abel gewann immer. Da hat ihn Kain, weil er auf Abel neidig war, getötet und sich in einer Grotte im Paradies versteckt. Aber Gott, der ihn ganz genau gesehen hat, rief ihn und machte ihn vor allen andern zur Sau.

Aus Wut, weil Jesus sie aus dem Paradies verjagt hatte, gebar Eva einen Mörder und nannte ihn Kain.

Erzähle eine biblische Geschichte, die dich
besonders beeindruckt hat

Bevor er von Kain getötet worden ist, erbaute Abel einen riesigen Turm, weil er den Himmel herausfordern und ihn mit der Turmspitze berühren wollte und gar nicht begriffen hat, daß man den Himmel nie berühren kann.

Er baute ihn ein Stockwerk über das andere, wie wenn man Plastikbecher immer einen in den andern reinsteckt.

Der Turm wuchs und wuchs und nahm kein Ende, aber da hat dann Gott, um Abel zu strafen, weil er zu ihm raufreichen wollte, Europa geschaffen und alle Sprachen durcheinandergebracht. Wer deutsch gesprochen hat, den ließ er jetzt spanisch reden, wer spanisch gesprochen hat, französisch und so mit allen.

Schließlich ist der Turm zu Bruch gegangen, und die Ziegelsteine sind auf die Erde geflogen. Und weil es in Neapel sowieso nur Stunk und Gemauschel gibt, bete ich dies zu Gott: »Vater unser, der du im Himmel bist, sei so gut: bring nicht auch noch unseren Dialekt durcheinander.«

Schildere die Geschichte Noahs

Zu Zeiten Noahs lebten die Menschen sechshundert, siebenhundert, auch achthundertzwanzig Jahre. Manche Großeltern kamen sogar auf tausend Jahre.

Aber weil sie soviel länger lebten als wir, begingen sie auch viel mehr Sünden, und auf der Erde von damals war es noch viel schlimmer als auf der von heute.

Da hat es Gott eines Tages gereicht und er beschloß, Menschen und Tiere zu strafen. Er ging zum Noah und sagte ihm ins Gesicht: »Noah, du bist der einzige Ehrenmann auf der Erde, die anderen sind ungehorsam, und es bleibt mir gar nichts anderes übrig, als sie zu strafen. Baue eine Arche und laß dort alle Tiere rein, mit denen du verkehrst, ich schicke in der Zwischenzeit schon mal die Sintflut bis zum ersten Pegel runter. Beim zweiten Pegel schick eine Taube raus, um zu sehen, wie es geht: wenn sie trocken zurückkommt, heißt das, daß ihr rauskönnt, wenn sie naß zurückkommt, ist es noch zu früh.«

Noah hatte noch nie eine Arche gebaut, und fragen konnte er auch keinen, weil, wenn sein Geheimnis rausgekommen wäre, hätte jeder eine Arche für sein eigenes Zeug gebaut, und die Sintflut hätte gar nichts gebracht.

Aber dann hat er es doch geschafft, er baute sie in Form eines Maurerhutes und ließ alle lieben Tiere hinein. Wie die Sintflut getrocknet war, machte Noah das große Tor auf und ging hin, um eine neue Stadt zu gründen.

Erzähle vom Propheten Jonas

Gegen Ende des Alten Testaments guckte Gott vom Himmel runter und sprach zu einem Mann namens Jonas: »Jonas, du mußt gleich mal nach Ninive, das soll Buße tun. Dieses Ninive ist ja das reinste Sodom und Gomorrha, es macht bloß ein paar Schweinereien weniger. Sag dem Ninive, wenn es nicht auch so enden will, soll es schwören, daß es bereut.«

Jonas erwiderte: »Ist gut, ich gehe gleich hin«, aber kaum hatte ihm Gott den Rücken gekehrt, machte er sich auf einen anderen Weg, er ging direkt zum Hafen von Karthago auf ein Schiff, das sehr weit weg fuhr.

Er hat genau wie der Kain geglaubt, daß Gott ihn nicht sehen würde, aber Gott sieht alles, auch das, was nicht ist. Zum Beispiel wußte Gott schon bevor er die Erde schuf, daß ich einen Aufsatz über Jonas schreibe und auch welche Note ich kriege.

Wie er sah, daß Jonas nicht gehorchte, wurde Gott zornig, und um ihn für seine Schlauheit zu strafen, entfesselte er einen furchtbaren Sturm. Das Schiff schaukelte mitten im Ozean rum, und die erschrockenen Seeleute begriffen, daß nur Jonas daran schuld war und warfen ihn ins Meer.

Wie Jonas ins Wasser fiel, hat er sofort alles bereut, aber in dem Augenblick kam ein riesiger Walfisch und verschluckte ihn wie beim Pinocchio. Im Bauch des Walfischs wußte Jonas nicht, was er tun sollte, er hat drei Nächte und drei Tage lang gebetet, und am Ende erbarmte sich Gott seiner und der Walfisch spuckte ihn aus.

Am nächsten Tag wusch sich Jonas das Gesicht und die Hände und ging nach Ninive, damit es ihm büßte.

Heute möchte ich von David und Goliath erzählen

David war ein lieber, folgsamer Junge, normal groß, Goliath war ein böser frecher Riese, so groß wie Polyphem, aber mit zwei Augen und zwei Augenbrauen.

Goliath hat die Guten wie Ameisen zerquetscht, keiner wurde mit ihm fertig, vielleicht nicht mal Rambo.

Er hat Fußtritte und Ohrfeigen ausgeteilt, und wenn er einen nur ein bißchen gezwickt hat, war der schon Matsch. Wenn er mal geniest hat, flogen alle Philister weg. Er war Israels Feind Nummer eins. Zur damaligen Zeit konnte ihn keiner töten, weil es keine Pistolen, Gewehre und Laserstrahlen gab. Wenn es damals schon die Reiter von den Tierkreiszeichen* gegeben hätte, die hätten es ihm natürlich gezeigt!

* Spielzeugfiguren (A. d. Ü.)

Schließlich hatten es die Juden satt und riefen David, der konnte so gut zielen, daß es kaum zu glauben ist, und David nahm vier oder fünf spitzige Steine, tat sie in seinen Sack und brach auf. Als er Goliath begegnete, haben sie sich nicht mal begrüßt, so sehr haben sie sich gehaßt, und als der Goliath hörte, daß David ihn herausfordern wollte, lachte er und versprach, daß er ihn zu Matsch machen würde.

David schenkte ihm kein Vertrauen: er tat einen Stein in die Schleuder, wirbelte sie im Kreis herum und warf ihn los. Der Stein traf Goliath genau in die Stirn und spaltete sie auf wie eine rote Melone.

Als er auf den Boden fiel, haute ihm David mit dem Schwert den Kopf ab und ließ ein Bild von sich machen mit dem abgeschlagenen Kopf in der Hand.

Schildere die Opferung Isaaks

Es war einmal ein sehr alter Mann, Abraham, der hatte einen kleinen Jungen Isaak und dazwischen war Gott.

Eines Tages sprach Gott: »Abraham, nimm deinen Sohn, bring ihn auf den Berg, binde ihn ganz fest und töte ihn. Wenn du mich liebst, mußt du das für mich tun.«

Abraham wollte seinen Sohn nicht töten, aber er mußte.

Wie sie so gingen, hat Isaak nicht gewußt, daß er der Getötete war, und wie sie auf dem Berg angekommen waren und Abraham ein Feuer vorbereitete, fragte er ihn, wo das Lämmchen oder das Zicklein zum Braten sei. Und Abraham sprach: »Ehrlich gesagt, bist du es.«

Dann band er Isaak auf das Holz und erhob das Messer. In dem Augenblick erschien ein Engel, der die Hand Abrahams festhielt. Er sagte zu ihm:

»Wir haben gesehen, daß du nicht ungehorsam geworden bist, gut gemacht! Das reicht jetzt: heute wirst du deinen Sohn nicht mehr töten.«

Und Abraham und Isaak kehrten in ihr Dorf zurück.

Aber diese Geschichte ist so komisch, daß ich glaube, die ist erfunden.

Warum wurden Sodom und Gomorrha zerstört?

Sodom und Gomorrha waren zwei ganz nahe Städte des Alten Testaments und auf der ganzen Welt für ihre Sauereien berühmt, sie haben immer gewettet, wer die ekligsten Sachen erfinden konnte.

In Sodom und Gomorrha machten die Männer mit den Männern und die Frauen mit den Frauen Kinder, und wer die Nonnen vergewaltigen durfte, wurde ausgelost. Es waren die Städte des Aids und der Drogen, die Alten sind den Weibern nachgestiegen und in der Kirche haben alle gerülpst.

Nur einer war lieb und gut, ein gewisser Lot. Er hat fast keinen Sex gehabt und war sehr anständig. Eines Tages begegnete er zwei Guten Geistern, die sprachen zu ihm: »Rette dich, Lot!«

Da hat er seine Familie genommen und ist aus Sodom und Gomorrha entwischt. Und genau in dem Augenblick schickte Gott einen Feuerregen auf die beiden Städte herunter, und so starben alle Kinderschänder, alle Nutten verbrannten, und das Erdbeben hat den ganzen Saustall über dem Kopf der Schufte zusammenkrachen lassen.

Lot und seine Familie konnten sich retten, aber diese blöde Kuh, Lots Weib, hat sich umgedreht, um zu sehen, wie das ausging, und so wurde sie in eine Säule aus grobem oder feinem Salz verwandelt.

Diese Geschichte lehrt, daß nicht einmal die Sintflut was geholfen hat.

Was bedeutet für dich
das salomonische Urteil?

Das salomonische Urteil kenne ich sehr gut, und es ist ein sehr schlaues Urteil. Es waren einmal zwei antike Frauen mit einem einzigen Sohn. Die Frau Nummer eins sagte, dieser Sohn gehörte ihr, die Augen, die Nase, der Mund usw. wären aus ihrem Gesicht geschnitten. Die Frau Nummer zwei sagte, daß sie den Sohn eines Nachts mit ihrem eigenen Bauch gemacht hatte und daß sie ganz sicher war.

Und da aber das Kind ganz klein war und sich nicht erinnern konnte, wer es geboren hatte, gingen sie zu König Salomon.

Salomon fragte: »Wer will dieses Kind?« Und die beiden Mütter zogen die eine an einem Arm und die andere an einem Bein und kreischten: »Ich! Ich!« Und das Kind schrie von dem Reißen. Da stellte sich der König in die Mitte und tat mit einem Schwert so, wie wenn er es in der Mitte durchschnitt und sagte: »Ein Stück gebe ich dieser Mama hier und das andere Stück gebe ich der anderen Mama da.« Aber nicht, daß er es wirklich durchschneiden wollte, es war ja schließlich kein Weihnachtskuchen.

Da schrie die echte Mama: »Nein! Nein! Zerhack mir meinen Sohn nicht! Ich schenke ihn dieser anderen Frau, Hauptsache, er bleibt ganz!«

Und als der König sah, daß die eine weinte und es der anderen wurscht war, kapierte er, von wem er wirklich der Sohn war und gab ihn ihr, und die Stiefmutter kam ins Gefängnis oder sie erhängte sich.

Hiob ist ein Beispiel
für Geduld und Ergebenheit
in den Willen Gottes

Dem armen Hiob sein Leben war ein einziges Pech. Er war reich, hatte Ehefrauen und Esel, Söhne und Kamele, Ochsen und Schafe. Es mangelte ihm an nichts. Er war auch gut, großzügig und gehorsam: wenn ihm eine Ehefrau oder ein Esel starb, sagte er »macht nichts«.

Da stellte ihn Gott auf die Probe. Er ließ zuerst alle seine Brüder, alle Schwäger und alle Neffen sterben, dann alle Ehefrauen und alle Söhne.

Er blieb allein mit seinen Tieren, er hatte siebentausend Schafe, viertausend Ochsen und dreißigtausend Kamele: nur die Söhne und die Ehefrauen fehlten.

Am nächsten Tag ließ Gott auf einen Schlag alle Tiere sterben und Hiob blieb allein wie ein Hund. Aber Gott war noch nicht zufrieden, sondern schickte ihm auch noch alle Krankheiten dieser Welt auf den Hals: Pest, Cholera, Lepra, Krätze,

Hämorrhoiden. Vielleicht mußte er auch in die Harnflasche pissen.

Trotz all dem klagte er niemals auch nur zum Spaß. Da hat Gott, wie er sah, daß er die Probe bestanden hatte, alle seine Söhne, seine Brüder, seine Ehefrauen, Onkels und sogar die Kamele alle wieder auferstehen lassen.

Und von ihm hat er alle Krankheiten genommen und ließ ihn dann nochmal hundert Jahre am Leben.

Beschreibe eine Gestalt
aus dem Alten Testament

Die Gestalt, die ich am sympathischsten finde, ist Samson. Samson kann man auch im Königsschloß von Caserta sehen. Gleich wenn man reinkommt, geht man fünf oder sechs Meter und da ist dann links Samson.

Er war sehr stark, das habe ich auch im Film gesehen. Seine ganze Kraft war in den Haaren, die waren wie die von Gullit, nur länger, und Gott hatte sie ihm geschenkt. Nur um mal eine Vorstellung zu geben, er hat, kaum daß er geboren war, gleich zwei Schlangen abgemurkst. Und einem Löwen, der ihn fressen wollte, hat er das Maul aufgerissen.

Mit einem Eselskiefer, den er wie verrückt herumgewirbelt hat, richtete er ein Blutbad unter den Philistern an und keiner konnte ihn bremsen, so geladen war er. Aber im September hat eine böse Frau, Dalila, sein Geheimnis entdeckt, sie hat ihm nachts die Haare abgeschnitten, und er ist schlaff wie Schifiltor* geworden. Da hat sie ein Seil um ihn herumgewickelt und ihn vor den König gebracht. Der König blendete ihn und warf ihn ins Gefängnis.

Man hat schon geglaubt, mit Samson wäre es aus, aber von wegen! Während er eingekerkert war, wuchsen seine Haare wieder und seine Kraft kehrte zurück. Da wurde es ihm zu blöd, Gefangener zu sein, er nahm vier Stufen auf einmal die Treppe rauf, stützte sich auf zwei Säulen und drückte so stark, daß der ganze Tempel zusammenkrachte, und Jerusalem ebenfalls. Leider ist auch er, der Samson gestorben, aber wenigstens hatte er sich gerächt.

* Spielzeugmonster von schlaffer, klebriger Beschaffenheit (A. d. Ü.)

Welche biblische Gestalt hat dich
am meisten beeindruckt?

Moses ist in einem Strohkörbchen jüdisch geboren und wurde wegen seiner Rasse auf dem Fluß Nil ausgesetzt.

Die Tochter des Pharaos hat, wie sie mit ihren Freundinnen Ball spielte, als erste Moses entdeckt, der auf dem Wasser trieb, sie hat ihn herausgefischt und bei sich behalten. Er wuchs am Hofe auf, aber obwohl er glaubte, daß er der Sohn des Pharaos wäre, war er ein anständiger Kerl und gab nicht so mords an. Als eines Tages rauskam, daß er Jude war, schrie der echte Sohn des Pharaos: »Ich habe es doch immer gesagt!« und schickte ihn in die Wüste.

In der Wüste litt Moses Hunger und Durst, aber mehr Durst wegen den Poren, denn die Sonne war sehr heiß, tausendmal heißer als in Licola.* Aber Gott erbarmte sich und half ihm, aus der Wüste zu

---

* Bekannter Badeort in Kampanien

fliehen, und hundert Meter nach dem Ende der Wüste heiratete Moses.

Als er nach Ägypten zurückkehrte, hatte er einen übertrieben langen Bart, und wie ihn der echte Sohn des Pharaos sah, sagte er mit einer furchtbaren Wut im Bauch: »Bist du schon wieder hier? Dann schicke ich dich eben wieder in die Wüste!«

Aber Moses hörte nicht auf ihn und strafte ihn mit den sieben Plagen Ägyptens.

Erst als sein kleiner Sohn als letzte Plage starb ließ der Pharao die Juden frei. Sie machten ein großes Befreiungsfest, aber wie sie dann vor dem Meer standen, wurden sie sehr traurig.

Da hob Moses den Stock, und das Meer teilte sich in zwei Teile: aber nicht in einen für die Juden und in einen für die Ägypter, sie waren beide für Moses. Und so gingen sie durch.

Gegen Ende der Reise kriegt Moses die Zehn Gebote, und sein Bart wird noch länger und nötiger.

Erkläre die Bedeutung
der Zehn Gebote

Die Zehn Gebote hat Moses für die Menschen gekriegt, um sie keine Sünden mehr begehen zu lassen. Vor den Zehn Geboten gab es nicht mal ein einziges, und man hat nie gewußt, auf wen man hören sollte. Jeder hat alles nach seinem eigenen Kopf gemacht, und es war überall ein großes Durcheinander.

Aber dann kam Moses und Gott gab sie ihm mit dem Blitz über dem Felsen und einer doppelten Stimme.

Neun Gebote gab er für die Großen, und eines machte er extra für die Kinder, nämlich *du sollst Vater und Mutter ehren.*

Bei dem Gebot Nummer 6 muß ich immer lachen.

Eine biblische Geschichte,
die dich besonders beeindruckt hat

Der Pharao von Ägypten war ein Riesenarsch, und es war ganz richtig, daß Moses ihm all diese Plagen auf den Hals geschickt hat. Wenn es heute auch so einen Moses gäbe, könnte er die Plagen Ägyptens auch dem Saddamussen schicken, dann würde der aufhören, immer im Erdöl Krieg zu machen.

An alle Plagen kann ich mich nicht erinnern, aber an die wichtigsten schon. Da war die Plage mit dem Blut im Wasser, die der Heuschrecken, der Mükken, der Frösche, der Lepra und die Plage der Nacht und der Dunkelheit. Aber die Plage, die mir am liebsten ist, ist der Tod des Pharaonensohns. Denn Gott hat das Kind so retten wollen, weil sonst hätte es, wenn es groß gewesen wäre an die Götzen geglaubt und wäre in die Hölle gekommen, und gleichzeitig hat er seinen allzu bösen Papa bestraft.

Und diese Geschichte dauert über drei Stunden.

Das Neue Testament

Schildere die Geburt Jesu

Das Jesuskind wurde in einer Grotte von Bethlehem geboren und nicht in einem Haus oder in einer Klinik, weil kein Gastwirt in Palästina ihm ein Zimmer zum geboren werden vermieten wollte.

Wenn sie gewußt hätten, daß er Jesus war, hätten sie ihm das Reggia Palas Hotel* in Person gegeben.

Das Jesuskind ist am Heiligen Abend Punkt zwölf Uhr geboren, seine Mutter war die Madonnina, sein Vater der heilige Joseph. Der heilige Joseph war ein Zimmermann, wie mein Vater, wir nennen ihn Tischler.

Kaum war das Jesuskind geboren, verbreitete sich die Nachricht überall, und die Hirten, die Wäscherinnen und die Stierkämpfer kamen, um es anzubeten.

* Reggia Palace Hotel, berühmtes Hotel in Caserta (A. d. Ü.)

Alle Leute gingen zum Jesuskind, nur Benino[*] nicht, weil er ganz modern sein wollte.

Auch die heiligen drei Könige gingen zu ihm, die dem Kometen auf den drei Kamelen mit Höckern folgten.

Jesus blieb immer gut wie er bei der Geburt war, er ist nie böse geworden.

Ich möchte, daß Jesus nie gestorben wäre. Wenn ich dabei gewesen wäre, hätte ich dem Pontius Pilatus einen Karateschlag gegeben.

[*] Klassische Figur der neapolitanischen Weihnachtskrippen. Sie wird immer schlafend dargestellt und verkörpert die Gleichgültigkeit gegenüber dem großen Ereignis.

Ich erzähle eine Geschichte
aus dem Evangelium...

Am Anfang waren die zwölf Apostel wirklich Niemande. Wer kannte sie schon? Die meisten von ihnen waren Fischer und Obsthändler. Eines Tages, als Jesus sah, daß der heilige Petrus nervös war, weil er nicht mal eine Sardelle gefangen hatte, sprach er zu ihm: »Fahr wieder aufs Meer hinaus, und ich werde dich mit Fischen vollstopfen, Hauptsache, du wirst dann Apostel.« Petrus tat das, er kam mit zwei oder drei Zentner Fischen zurück, und von dem Augenblick an folgte er dem Jesus. Gerade jetzt, wo er glänzende Geschäfte machen konnte, folgte er Jesus, und deshalb wurde er zum Heiligen ernannt.

Von den zwölf Aposteln konnte am Anfang keiner richtig reden, sie machten alle ottographische Fehler. Wenn sie Jesus begleiteten, um ein paar Wunder zu tun, ließen sie ihn immer üble Taschenspielertricks machen.

Sie waren daran nicht schuld, weil die Schulen zu jener Zeit nur für die Vornehmen und die Römer da waren. Da hat dann der Heilige Geist dafür gesorgt, daß ihnen geholfen wurde.

Und er kam herab. Er kam ganz ganz langsam wie am Mischpult und setzte sich den zwölf Aposteln auf den Kopf, oder vielmehr den elf, weil der Judas sich in der Zwischenzeit erhängt hatte. Und plötzlich fingen sie an, in allen Sprachen der Welt zu reden, französisch, spanisch, polnisch, amerikanisch. Zum Beispiel »arrivederci« heißt auf französisch OREWUAR, auf deutsch AUFFIDELSEN, auf amerikanisch GUDBAI. Und sie waren sehr froh. Außer Petrus, der nachdem er Jesus verraten hatte, mit dem Kopf unter der Erde und den Füßen im Himmel endete.

Was meinte Jesus mit dem Satz:
»Wenn ihr nicht werdet wie die Kinder, so werdet
ihr nicht in das Himmelreich kommen«?

Ich glaube, daß Jesus, wie er diesen Satz gesagt hat, nicht die acht-neunjährigen Kinder gemeint hat, sondern die ganz winzigen. In der Tat sind die Kinder zu jener Zeit lieb, also wirklich lieb, während wir schon ziemlich hell im Kopf sind.

Ich glaube, daß daran die Schule schuld ist. Entschuldigt, daß ich das sage, aber es ist wirklich so. Zum Beispiel streite ich daheim nie mit Giuseppe, aber kaum kommen wir in die Schule, sind wir wie Hund und Katz. Also dann?

Die kleinen Kinder stehlen nicht, sagen keine Ausdrücke und Flüche, töten nicht und machen keine Kriege. Wenn es auf der ganzen Welt nur kleine Kinder gäbe, wäre dies eine wunderschöne Welt wie damals bei Adam und Eva vor dem Apfel.

Die Großen dagegen sind das wahre Übel dieses Planeten, das fängt mit fünfzehn Jahren an. Sie richten alles Unheil an, was sie können: sie töten, verschmutzen die Umwelt, betrügen, im Mittleren Osten fangen sie um sechs Uhr morgens an, sich umzubringen.

Ich möchte nicht groß werden, aber ich fürchte, ich muß.

Erläutere den Satz Jesu:
»Liebet eure Feinde«

Dieser Satz bedeutet, daß wir uns alle gern haben sollen und nicht wie Hund und Katze sein.

Wie in dem Gleichnis vom guten Samariter, der einen Feind auf dem Boden sieht und ihn anzieht und ihm hilft.

Dieser Feind war wie ein Freund zu seinem Feind.

In Piscinola wissen sie nicht einmal, wo der gute Samariter wohnt, vor allem im Biliardsaal neben meinem Haus, wo wenn eine Kugel näher beim Kügelchen ist, einer immer gleich sagt, daß das seine Kugel ist und nicht die von dem andern und Scheißkerl zu ihm sagt.

Ich habe auch einen Feind, und das ist meine Schwester, aber warum kann ich hier nicht sagen.

Ich würde sie ja auch zu meiner Freundin machen, aber ich schaffe es einfach nicht!

Erläutere den Satz Jesu:
»Der Mensch lebt nicht vom Brot allein«

Dieser Satz Jesu bedeutet, daß wir nicht nur an unseren eigenen Scheiß denken sollen, sondern auch den anderen helfen müssen. Aber oft kommt einer von der Arbeit heim, macht sich ans Essen und guckt das Fernsehen an, dann ist ihm alles wurscht und er geht schlafen. Wenn die Frau von nebenan klopft und Knoblauch, eine Zitrone, ein Novalgin will, sagt die Ehefrau, daß sie es nicht hat oder sie tut so, als ob sie die Tür nicht hört.

Wir müssen einer dem andern helfen wie wenn wir Brüder wären, egal ob einer Doktor ist und der andere Straßenhändler. Mein Vater ist Straßenhändler, na und? Hilft er vielleicht nicht sogar den andern? Ein Neger hat am Patria-See Autostop gemacht und mein Vater hat ihn mit allem mitgenommen, auch wenn er keine Lust hatte.

Wenn es De Mita oder Agnelli gewesen wäre, hätten sie ihn runtergeschmissen.

Erläutere den Satz Jesu:
»Was siehst du aber den Splitter im Auge
deines Bruders, doch den Balken
in deinem Auge nimmst du nicht wahr?«

Wie ich klein war, bin ich mal im Auto von einer angeheirateten Tante gewesen, die beim Standa* arbeitet, und wie wir da an den Quattro Vie vorbeikommen, sehen wir ein paar Feuer und meine Tante sagt: »Weißt du, was die da sind? Das sind Nutten.«

Wie ich dann heimgekommen bin und es ihr sagte, fing Mama so laut zu brüllen an, daß fast das ganze Haus heraufgekommen wäre.

Am Morgen zog ich mich an und wir gehen zum Standa hinunter.

Und da hätte dann Mama meine Tante, die es mir gesagt hatte, fast zur Sau gemacht. Ich habe mich geschämt vor all den Leuten, die mich anguckten, und außerdem war ich nicht mal in die Schule gegangen.

Nachher haben sie sich wieder versöhnt und wie

---

* Kaufhaus (A. d. Ü.)

ich Erstkommunion gehabt habe, hat mir die Tante sogar ein Geschenk gemacht.

Und jetzt hat sich diese angeheiratete Tante von ihrem Mann scheiden lassen und hat sich einen anderen schon verheirateten genommen und jetzt haben sie Händel beim Anwalt wegen den Kindern, diesen Ärmsten, die gar nicht wissen, was aus ihnen wird.

Wenn ich das gewußt hätte, wie sie ist, dann hätte ich ihr damals, wie sie mir das als ganz kleines Mädchen gesagt hat, geantwortet: »Statt daß du dich so viel um die Nutten da kümmerst, kümmere dich lieber um dich selber, denn du bist auch nicht gerade ohne!«

Eines Tages sprach ein verlogener Sohn zum Vater: es stinkt mir, immer in der Familie zu leben, ich will mein Erbteil und machen, was ich will. Und der Vater gab es ihm. Die Tage vergingen, und der Sohn machte sich ein schlaues Leben, Bar, Kino, Ferien mit schönen Kleidern, kurz, das Geld geht aus und um sich durchzuschlagen, findet er Arbeit als Schweinehirt.

Er schrie immer »Hilfe, Hilfe, der Wolf!«, aber das stimmte gar nicht, er wußte nur nicht, was er tun sollte. Die aus dem Dorf sind jedesmal darauf reingefallen, aber eines Tages kam wirklich der Wolf, fraß alle Schafe, und wegen ihm kam keiner mehr auf den Berg, weil ihm keiner mehr geglaubt hat.

Also kam er herunter und bat seinen Vater um Verzeihung. Er sprach zu ihm: nur über meine Leiche gehe ich noch mal fort!

Und der Vater verzieh ihm, umarmte ihn und sagte, komm setz dich ins Wohnzimmer.

Der andere Bruder hat sich aber gegiftet, er sagte, daß das wirklich eine große Ungerechtigkeit war, und wenn er ihn aus dem Haus jagen könnte, täte er es. Er war wie Kain und Abel. Aber zum Glück tötete er ihn nicht, er haßte ihn nur.

Erzähle das Gleichnis Jesu,
das dich am tiefsten beeindruckt hat – 2

Meiner Meinung nach ist das wichtigste Gleichnis der reiche Prasser, der sich vollgefressen hat wie ein Schwein und den andern nicht einmal ein Brotsämchen gegeben hat, weil das all das Schlimme bedeutet, was auf der Erde getan wird.

Nehmen wir zum Beispiel die Vereinigten Staaten oder USA und Japan und auf der anderen Seite die Dritte Welt, Indien und die Marokkaner vom Bahnhof. Diese Völker sind mit jedem Tag, der vorbeigeht verzweifelter, sie haben nichts zu essen, sie haben nichts zu trinken und sie haben kein Krankenhaus, das für die Lepra ausgerüstet ist: die können immer nur die Löwen anglotzen. In der Zwischenzeit wird in Amerika getanzt und gefeiert, und Japan baut einfach alles, weil es ja so reich ist. In Arzano gibt es doch kein einziges Haus, das nicht was Japanisches hat, sogar die Quartzuhr!

Aber was tun denn die Vereinigten Staaten und Japan für diese unglücklichen Völker? Also wenn ich Afrika oder Indien wäre, würde ich alles Geld von den Armen zusammensammeln und eine riesige Rakete bauen und sie Nordamerika und Japan auf den Kopf knallen, damit sie sehen, wieviel Böses sie uns angetan haben!

Wenn Arzano sich für seine Armut rächt, schlägt es Andreotti ein blaues Auge.

Erzähle das Gleichnis Jesu,
das dich am tiefsten beeindruckt hat – 3

Das Gleichnis, das mir am besten gefallen hat, ist das vom Frosch und dem Ochsen. Jesus hat uns gelernt, daß einmal ein sehr eitler, also wirklich furchtbar eitler Frosch war, der in einem Teich wohnte. Eines Tages kam gleich wie der Tag anbrach ein Ochse. Alle anderen Frösche sind vor Schiß schnell ins Wasser gesprungen, nur er nicht. Sie waren alle zitternd unter dem Wasser und sagten: »Mamma mia, wie groß dieser Ochse ist, wie groß er ist! So wie er können wir nie werden!«

Aber der eitle Frosch sagte, doch ich kanns. Und dann blähte er sich und blähte er sich, bis er platzte. Mit diesem Gleichnis hat uns Jesus erklärt, daß wer zuviel will platzt.

Für mich hat Jesus das größte Wunder getan, wie er ganz allein auferstanden ist, ohne daß ihm einer geholfen hat.

Jesus hat viele Wunder getan, den Blinden, den Leprakranken, den Gelähmten, den beruhigten Sturm, das Gehen auf dem Wasser usw. Aber ein Wunder hat er nicht getan: er hat meinen Bruder nicht von den Drogen gerettet.

Aber bitte, lest diesen Aufsatz nicht vor der Klasse vor.

Eines Tages wurden die Madonna, Jesus persönlich und der heilige Gaetano in die Stadt Kanna zu einer Hochzeit eingeladen, und sie haben sich schön angezogen, um Eindruck zu schinden. Vielleicht hat sich Jesus daheim die Hände mit einem Wunder gewaschen. Dann setzten sie sich an den Tisch.

Anfangs nichts zu sagen, alles OK. Man hat gegessen wie die Herren, weil es eine Hochzeitsfeier war. Wenn auch der reiche Prasser dagewesen wäre, hätte er alles allein aufgegessen, auch den Teil von Jesus. Wie mein Onkel in Capemonte* geheiratet hat, hat der auch ein Fest gemacht, draußen auf der Terrasse, mit Sängern und allem. Eine Art Hochzeit von Kanna, aber viel schöner.

Nach einer Weile ging dann der Wein aus. Und

* Capodimonte

da Jesus der einzige war, der Wunder tun konnte, sagten alle zu ihm: »Kümmere du dich drum.« Und Jesus hat, um es denen zu zeigen, sofort das Wasser in Wein verwandelt, roten und weißen, und alle haben sich vor Staunen bekreuzigt. Und dann wurde noch viel mehr gegessen als vorher.

Eines Tages vor Uhrzeiten, wie er mal in der Wüste ging, begegnete Jesus einem Besessenen, das heißt einem Araber voller Teufeln.

Als die Teufel Jesus durch den Bauch des Besessenen sahen, fingen sie einen Heidenlärm an, beschimpften alle Leute, die vorbeikamen und hexten Jesus die schlimmsten Dinge an den Hals, aber wenn Jesus gewollt hätte, hätte er ihnen doppelt soviel dranhexen können!

Glatt hundert Teufel steckten in dem Bauch von diesem Araber, sie trieben ihm Schaum vor den Mund wie den Rössern, sie ließen seine Augen rausquellen wie die von Schillaci und jeder von ihnen hatte seinen Taufnamen. Aber Jesus hatte Erbarmen mit ihm und schrie: »Kommt sofort aus diesem Bauch raus, ihr Teufel! Geht zu diesen Schweinen dort drüben, die ihr da auf der Wiese seht!«

Und die Teufel sprangen schnell raus und hüpften in die Schweine. Und jedes Schwein bekam einen Teufel, oder vielleicht auch zwei. Aber so frech wie die waren, konnten sie es schon bald nicht mehr aushalten und aus Verzweiflung haben sich alle hinuntergestürzt.

Und jetzt möchte ich eines wissen: wie die Schweine da vom Runterfliegen zermatscht worden sind, sind da auch die Teufel mit ihnen gestorben? Und wenn dann nachher einer diese Schweine aufgegessen hat, hat er dann auch die Teufel mitgegessen?

Eine Gestalt aus dem Evangelium,
von der du erzählen möchtest

Die Gestalt aus dem Evangelium, die ich erzählen möchte, ist der Hauptmann.

Der Hauptmann kann mir leid tun, weil er einfach nicht gewußt hat, was er machen soll.

Er hatte einen Sohn, der lag im Sterben, und alle sagten zu ihm, geh zu Jesus, du wirst sehen, er rettet ihn dir, Hauptsache, du reißt das Maul nicht so groß auf vor ihm.

Der Hauptmann tut, was sie sagen, begegnet dem Messias und sagt mit geschlossenem Mund: »Ich bitte dich, Erlöser, erlöse mir meinen Sohn und denk nicht dran, daß ich ein Römer bin.«

Der Messias stellte ihn zufrieden.

Als der Hauptmann nach Hause kam und sah, daß er erlöst worden war, lachte er vor Freude.

Aber es war eben so, daß er auch noch am Tage danach ein Hauptmann war, ein Feind des Volkes Jesu, der leicht den Befehl erhalten konnte, zweihundert oder dreihundert von dieser Rasse zu töten.

Der Hauptmann wußte, daß er gegen das Volk Jesu gehorchen mußte, aber auf der anderen Seite war er dem Erlöser viel zu dankbar für die Erlösung.

Wie er da nicht verrückt geworden ist, weiß ich auch nicht.

Judas und Petrus haben beide
Jesus verraten; aber was für ein Unterschied
zwischen den beiden ...

Eines Nachts habe ich von Judas geträumt, nachdem ich den Film über die Tunika gesehen hatte.

Er war auf einem Schiff, das nach Sardinien fuhr, und ich war auch da: er hat mir nichts getan, weil ich schlief, aber ich hatte trotzdem Schiß.

Judas war für mich der böseste Mensch der Welt, weil er Jesus verraten hat. Er machte es für dreißig Silberlinge, dann bereute er es und warf sie weg und brachte sich um, aber zu spät. Wer weiß, wer dieses Geld genommen hat. Wenn er sich in Neapel aufgehängt hätte, wäre es nicht einmal fünf Minuten auf dem Boden liegen geblieben.

Petrus hat, wie der Hahn dreimal krähte und ihm das Signal gab, daß er den Jesus verraten konnte, es getan, aber nicht für Geld, sondern aus Angst vor den Römern und dem Kreuz. Aber dann bereute er es und nahm den Tod mit dem Kopf nach unten auf sich.

Berichte über Pontius Pilatus

Meine Meinung über diese Gestalt ist keine einfache Meinung, aber vielleicht hat nicht einmal er richtig durchgeblickt. Denn Pontius Pilatus war auf der einen Seite ein Römer und auf der anderen war er ein Mensch.

Judas verriet den Jesus für dreißig Silberlinge, Pilatus dagegen umsonst. Aber vielleicht hätte er diese dreißig Silberlinge aus der eigenen Tasche gezogen, um ihn zu retten. Das ist mir klar geworden, wie ich im Religionsbuch gelesen habe, daß er alles getan hat, um ihn nicht zum Tode zu verurteilen. Wahrscheinlich hätte er, wenn er gekonnt hätte, das Wasser für die Hände der Menge ins Gesicht geschüttet und wäre abgehauen.

Am Ende verurteilte er ihn, nicht weil er Angst hatte (die Römer hatten vor niemand Angst, nur vor den Elefanten), sondern weil er Jesus schon zu lange hingehalten hatte, und außerdem hätten die

Hebräer, wenn er ihn nicht verurteilt hätte, einen Spion zu Oktavian geschickt.

So ist geschehen, was geschehen mußte, und heute ist Oktavian* eine Stadt und dort ist das Haus von Raffaele Cutolo.

---

* Ottaviano, Heimatstadt des berüchtigten Camorrabosses Cutolo (A. d. Ü.)

Barabbas, ein Dieb und Mörder,
wurde anstelle von Jesus begnadigt...

Barabbas war eigentlich gar kein so richtiger Dieb und Mörder, er hat den Hebräern nur ein bißchen Kleingeld gestohlen, weil die Römer und Pontius Pilatus schon den größten Teil des Kapitals genommen hatten.

Und dann hat Barabbas dadurch, daß er römische Soldaten getötet hatte, den Hebräern auch einen Gefallen getan, da er ein paar Dutzend Tyrannen umgelegt hat, die größere Räuber waren als er.

Deshalb haben von den Hebräern zehn Prozent Barabbas gehaßt, weil er sie ausraubte und neunzig Prozent haben ihn geliebt, weil er ihnen die Römer umlegte: deshalb haben sie ihn befreit!

Wenn Barabbas ein Camorraboss, ein Drogenhändler oder ein Sexualtäter gewesen wäre, hätten sie unter der Tribüne des Pontius Pilatus raus Melonenschalen, faule Eier, Reisbällchen auf ihn geschmissen und Jesus befreit. Aber sie haben gehofft, daß wenn sie Barabbas befreien, der von der Tribüne runtersteigt und gleich ein paar Römer abmurkst.

Aber dann ist Barabbas die Stufen runtergekommen und einfach weggegangen ohne auch nur danke zu sagen.

Das haben sie nun davon gehabt, daß sie ihn befreit haben.

Was denkst du über die Geschichte
vom guten Räuber?

Früher war in Frankreich als Todesstrafe die Guillotine, dann, wie man Amerika entdeckt hat, wurde der elektrische Stuhl erfunden. Wenn ein zum Tode Verurteilter mit Jesus zur Guillotine ging, sagte er bestimmt zu ihm: »Jesus, laß das Fallbeil rosten, dann fällt es nicht herunter«; wenn er zum elektrischen Stuhl ging, sagte er zu ihm: »Jesus, laß den Strom ausfallen.« Keiner hätte Jesus verhöhnt. Der Dieb mit dem Schnauzbart zu seiner Rechten dagegen, der verspottete ihn und sagte: »Was bist du denn für ein Gottessohn, wenn du nicht mal von einem Kreuz runtersteigen kannst?«

Westlich von Jesus war ein anderer Räuber, aber ohne Schnauzbart, der zu Lebzeiten von Beruf Übeltäter war, es aber als Toter bereut hat. Jetzt hatten sie ihn mit Händen und Füßen an das Kreuz gebunden, und auf dem Boden stand schon sein Totenkopf und wartete auf ihn.

Wie der nun die Worte des ersten Räubers hörte, ist er ihm ins Gesicht gesprungen und sprach, daß er auch nie zufrieden sei und statt Gott zu danken, daß er nicht mal eine Dornenkrone hätte, jetzt hier noch lang wissen wollte, warum einer nicht vom Kreuz stieg.

»Lieber Jesus«, sagte er zu ihm, »mir geschieht es recht, daß sie mich zum Tode verurteilt haben, denn ich bin ein gemeiner Räuber gewesen und vielleicht wäre ich sogar mit Barabbas gegangen! Aber du bist unschuldig, und das ist eine Ungerechtigkeit, eine Diktatur! Ich bitte dich, mir zu verzeihen, wenn du kannst.«

Und Jesus erwiderte: »Wahrlich, ich sage dir: heute noch wirst du mit mir im Paradiese sein.« Und soweit ich weiß, hat er dann sein Wort gehalten.

Schildere Leiden und Tod Christi

Pünktlich an Ostern ist die Auferstehung Christi.

Bevor Er auferstand, hat Er viel gelitten, der Ärmste.

Beim letzten Abendmahl war schon ein bißchen Verrat im Gange, aber keiner sagte es Ihm, keiner warnte Jesus. Am Ölberg weinte Er und die Jünger, diese Faulpelze schliefen. So ist keiner zu Hilfe gekommen, als sie Ihn verhaftet haben und keiner hat sich eingemischt, um Ihn zu retten. Judas verriet Ihn für dreißig Silberlinge, Petrus für nichts, nur aus Angst.

Pontius Pilatus mißhandelte Jesus gnadenlos: er zog Ihn am Bart, er stellte Ihm so witzige Fragen, er ließ Ihn bis aufs Blut peitschen, dieser gemeine Schuft. Dann setzten sie Ihm eine Dornenkrone auf und während sie Ihn auslachten, nagelten sie Ihn ans Kreuz.

Deshalb kann ich das Alte Rom nicht leiden, weil

es Jesus gekreuzigt hat. Wenn Er in Neapel gewesen wäre, hätte Ihm keiner was getan, und vielleicht wäre Er heute noch da. Als Jesus vollkommen tot war, kam ein großes Erdbeben, und erst da haben sie gemerkt, daß Er Gottes Sohn war, diese Schweine. Nach drei Tagen Tod fuhr Jesus zum Himmel, verzieh der ganzen Stadt Rom und setzte den Papst über sie.

Engel und Heilige

Wer sind die Engel?

Die Engel sind aus Luft gemachte Wesen, die zusammen mit Jesus, Maria und den Heiligen das Paradies bewohnen. Sie haben zwei Schwanenflügel an den Seiten und einen goldenen Reif auf dem Kopf. Sie sind Jesu Leibwächter und setzen oder legen sich nie hin, sondern stehen immer. Der älteste von ihnen spielt auf einer gelben Posaune.

Die jetzigen Engel sind diejenigen, die sich nicht gegen Gott aufgelehnt haben. Aber da war einer, Luzifer, vor dem kann ich nur warnen! Kaum war er geschaffen, sprach er zu Gott: »Warum sollen denn nur Sie Gott sein, und ich nicht? Das ist nicht gerecht!« Dann nahm er vier oder fünf andere stänkernde Engel und sie lehnten sich zusammen auf. Da packte Gott diese Gruppe von Frechen und ließ sie mit dem Kopf voran in die Hölle sausen. Dann zündete er ein ewiges Feuer an und ging. Von dem Augenblick an sind diese Engel von dem Rauch und dem Ruß nicht mehr weiß gewesen, sondern schwarz geworden, dann sind ihnen zwei dunkle Hörner gewachsen und die Schwanenflügel haben sich in Fledermausflügel verwandelt. Pfui Teufel!

Die guten Engel dagegen lehnen sich nie auf und an Weihnachten stellen sie sich im Kreis über Jesus auf.

Wer ist dein Schutzengel?

Ich weiß genau, daß es keinen Schutzengel gibt, das ist eine Art Zeichentrick, den die Pfarrer zusammen mit unseren Eltern erfunden haben, damit wir brav sind, weil sie nicht mehr mit uns fertig werden. Aber hinter meinem Rücken steht gar niemand, weder ein Engel noch ein Teufel, und ich glaube, daß wenn man den Kindern solche Lügen erzählt, sie dann als Erwachsene die blödesten Hammel werden, die reinsten Armleuchter und man sie mitten auf der Straße auslacht.

Außerdem kann ich, wenn ich nicht gerade eine Sauwut habe, ganz gut auch von allein brav sein.

Erzähle von den Christenverfolgungen
und den ersten Märtyrern

Am Tag nach der Auferstehung Christi begannen die Verfolgungen.

Die Verfolgungen hat Nero erfunden, der verrückteste Kaiser der Römer, er hat auch Rom verbrannt, weil er ein neueres gewollt hat und dann die Schuld den Neapolitanern gegeben.

Er haßte alle Christen tödlich, weil sie besser waren als er, der ein unglücklicher und unfähiger Mensch war, weil er gegen seinen Willen böse geboren war.

Der erste Märtyrer war der heilige Stefan, dann kamen San Gennaro, San Pasquale und viele andere.

Die ersten Märtyrer wurden von den Löwen gefressen. Die Löwen hatten schon sechs oder sieben Tage lang keine Märtyrer mehr gefressen und waren ausgehungert. Die Märtyrer sind für uns gestorben, deshalb feiern wir sie. Domenico Savio ist mein Lieblingsmärtyrer, er ist ganz jung wie ich gestorben.

Wenn nicht Jesus mit den ersten Märtyrern gekommen wäre, würden wir jetzt alle miteinander gegen Saddam Hussein kämpfen.

Welchen Heiligen liebst du am meisten,
und warum? – 1

Heute können wir in die Kirchen rein und raus, daß es eine Pracht ist, aber zur Zeit der Römer durfte man keine Kirchen bauen, und wenn ein Römer sah, wie ein Architekt auch nur eine Sakristei entworfen hat, verfolgte er ihn sofort.

Die Römer verfolgten die Christen mit großem Eifer, aber zuerst warteten sie, bis Jesus gestorben war, weil sie Angst vor seinen Wundern hatten.

Die Verfolgungen hat Tiberius angefangen und die Christen auf den Rost getan und wie Schweine gebraten.

Dann kamen Caligula und Nero. Caligula war verrückt und dumm, Nero war nur verrückt, aber alle beide haben die Christen verhaftet.

Aus Angst vor diesen Kaisern versteckten sich die Christen in den Katakomben, was damals ihre Kirchen waren, wo man betete, beichtete, taufte, aber unter der Erde und ohne Glocken. Wenn eine

Glocke dagewesen wäre, die zur Versammlung läutete, wären auch die Verfolger gekommen.

Am Anfang war der heilige Sebastian ein Römer. Er war ein sehr schöner, sehr starker Soldat mit langen glatten Haaren und einem schlanken Körper. Er war der Liebling von Diokletian, einem anderen verrückten römischen Kaiser, der alle Christen haßte.

Der heilige Sebastian ist eines Tages zum Christentum übergewechselt und Diokletian hat ihn im gleichen Augenblick verurteilt. Sie banden ihn mit Händen und Füßen an eine Palme und schossen mit Pfeilen auf ihn. Aber der heilige Sebastian lächelte froh, weil Gott auf seiner Seite war.

Als Diokletian dies erfuhr, schlug er ihm sofort mit einer Eisenstange auf den Kopf und ließ ihn dann in eine Grube werfen.

In jener Nacht erschien sein Geist einer Frau und sagte ihr, wohin er geworfen worden war. Die Frau lief schnell hin um ihn zu holen und ihn zu waschen und abzutrocknen. Schließlich begrub sie ihn vor der Nase Diokletians in einer christlichen Katakombe.

Welchen Heiligen liebst du am meisten,
und warum? – 2

Ich weiß, daß ich jetzt San Gennaro oder Sant'-Agrippino schreiben sollte, weil sie in Neapel oder in Arzano geboren sind. Aber ich bin ja auch in Arzano geboren, was heißt das schon? Ist Rocco vielleicht nicht in Neapel geboren und doch ein Fan vom Inter?

Mir gefällt der Heilige Antonius von Padua, wenns recht ist. Er wurde in Lissabon mit dem Namen Fernando geboren, dann ist er nach Padua gezogen und sie haben ihn heiliger Antonius getauft. Er war ein äußerst wundertätiger Heiliger, und nach Gott, Jesus, der Muttergottes und dem Heiligen Geist kommt gleich er.

Wenn in Padua der Vesuv gewesen wäre, hätte der heilige Antonius den auch löschen können, glaubt ihr das vielleicht nicht?

Den heiligen Antonius liebe ich am meisten, weil er die Gabe der Allgegenwart hatte, das heißt, er

konnte im gleichen Augenblick in Padua und in Arzano sein oder auch noch an einem dritten Ort eine
Verabredung haben. Und vor allem, weil er drei-
zehn Gnaden an einem Tag erweisen kann, und die
anderen Heiligen nur eine. Ich beanspruche nicht
soviele, aber ich möchte gern:

versetzt werden

sechs Richtige im Toto haben

in Padua wohnen

Umberto Bossi tot sehen

Neapel vom Verbrechertum befreien

mir alle Filme von Totò kaufen

meinem Vater einen Ferrari kaufen

meine Schwester Rosetta verheiraten

den Napoli die Meisterschaft gewinnen lassen

direkt ins Paradies kommen, ohne zuerst in den
Sarg zu müssen.

Das Wort »Taufe« ist ein sehr berühmtes Wort, das in allen Sprachen der Welt »Taufe« heißt, weil es von Johannes dem Täufer kommt.

Johannes der Täufer arbeitete in der Wüste, er taufte die Sünder und wusch sie mit dem Heiligen Geist. Er war in Lumpen gekleidet und fastete vierzig Tage im Monat.

Er taufte einen Fluß »Jordan« und schrie ganz allein in der Wüste, aber keiner hörte ihn; nur wenn ein bißchen Wind ging oder ein Echo da war, verstand man ein bißchen etwas, aber selten. Daher werden wir nie erfahren, warum er soviel geschrien hat.

Als er Jesus begegnete, wäre Johannes vor Aufregung fast in Ohnmacht gefallen, aber Jesus sah ihn mit seinen blauen Augen an, und da bekam er wieder Luft.

Aber leider gab es zu jener Zeit einen bösen Kö-

nig, der hieß Herodes Antikas. Herodes Antikas
ließ Johannes verhaften und warf ihn ins Gefängnis, um seiner Frau einen Gefallen zu tun, die sich
nicht taufen lassen wollte. Dann kam eine Tän-
zerin, Salome, die für ihn tanzte und als Geschenk
den Kopf Johannes des Täufers verlangte. Herodes
wollte ihn ihr zuerst nicht geben, aus Angst, weil er
davon träumen würde, dann stellte er sie zufrieden.

Den Kopf legten sie in eine goldene Schüssel, den
Körper ließen sie im Gefängnis sitzen.

San Gennaro ist der Schutzheilige
von Neapel, was weißt du
über diese berühmte Gestalt?

San Gennaro wurde in Neapel geboren, in der Gegend von Benevent. San Gennaro war von klein auf so folgsam seinen Eltern gegenüber und so brav, daß sie ihn schließlich zum Heiligen ernannten.

Er trug einen Hut auf dem Kopf.

San Gennaro hat sich mit Nero nicht vertragen, und wie Nero Rom angezündet hat, hat er den Christen die Schuld gegeben.

Am nächsten Tag schnitten sie San Gennaro den Kopf ab und legten ihn beiseite, das Blut ließen sie in ein Ampüllchen tröpfeln, um es küssen zu lassen.

Das Fest des San Gennaro ist in Neapel. Ich gehe mit meiner ganzen Familie hin, um das Fest zu sehen und das Blut aus dem Schatz des San Gennaro zu küssen.

Einmal aber haben sie meiner Mutter entweder drinnen in der Kirche oder draußen die Tasche geklaut. Und mein Vater hat mit einer Scheißwut gesagt: »San Gennà, ist das vielleicht der Dank dafür, daß wir dich besucht haben?«

Erzähle von Maria Goretti

Die heilige Maria Goretti tut mir so leid. Ihr trauriges Leben war ein einziges Trauerspiel. Maria Goretti war ein schönes und braves kleines Mädchen, sie schrie nie herum und war schüchtern, also wirklich furchtbar schüchtern. Früher, da war es nicht wie heute, daß die Mädchen sich nicht schämen, ihre Pussi zu zeigen (und vor allem die Cuccarini), früher, da war es anders.

Maria Goretti lebte auf dem Lande und stammte aus einer kümmerlichen Familie, aber sie beklagte sich nie, sie sagte nie Scheiße wie wir Mädchen aus der Stadt. Eines bösen Tages geschah es, daß ein Mann, ein junger Kerl aus dem Latium, auf sie losging, um sie zu vergewaltigen. Vergewaltigen bedeutet, mit Gewalt Kinder kriegen lassen. Und je mehr Maria Goretti weinte, desto mehr wollte dieser Schuft sie vergewaltigen, aber er schaffte es nicht, weil Maria Goretti immer so rumzappelte.

Vielleicht wurde sie nur fürs nötigste vergewaltigt. Wie er sah, daß bei ihr nichts Gutes dabei herauskam, erdolchte er sie dann.

Maria Goretti wurde ins Krankenhaus von Nettuno gebracht, aber wenn ich denke, dort ist sogar meine Tante gestorben. Und in der Tat starb sie. Aber bevor sie starb, verzieh sie dem Dreckskerl, der es am Ende bereute und Mönch wurde. Na ja, schön einfach!

Erzähle von Bernadette Soubirous

Bevor Bernadette mit ihren Freundinnen in den Wald von Lourd gegangen ist, hatte man die Unbefleckte Empfängnis noch nie gesehen. Wie die Mädchen da Holz gesammelt haben, quackelten sie viel herum, nur Bernadette schwieg und dann ging sie plötzlich weg ohne sich auch nur zu verabschieden. Vielleicht fühlte sie schon etwas besonderes, komisches in sich.

Ein starker Wind im Kreuz trieb sie in eine Grotte, wo sie plötzlich eine sehr vornehme schöne Dame sah. Diese war groß, ganz in weiß und himmelblau gekleidet und hatte einen Kranz von gelben Sternen um den Kopf. In der rechten Hand hielt sie einen Rosenkranz, in der linken nichts, die hing nur runter. Die Dame sagte nicht, daß sie die Madonna war, sondern verschwand gleich wieder.

Bernadette kapierte anfangs gar nichts, weil sie

die Tochter eines Müllers war, dann kriegte sie langsam einen Verdacht. Wie sie es ihren Eltern erzählte, schimpften die und sagten, das mit der Madonna ist nur eine Ausrede weil du die Schule schwänzen willst. Aber sie ging wieder ins Wäldchen und sah die Dame viele Male.

Eines Tages sagte die Dame schließlich zu ihr: »Erbaue eine Kirche auf diesem Felsen und grabe mit deinen Händen diese Erde aus. Es wird ein Wunderwasser herauskommen, das Wasser von Lourd. Dann laß alle Kranken des Dorfes hierherkommen, auch den Bürgermeister: Ich bin die Unbefleckte Empfängnis.«

Bernadette lief ins Dorf und erzählte es allen, aber keiner glaubte daran, sie sagten daß es eine Spinnerei sei. Nur die Kranken gingen hin und es waren über tausend. Die Blinden taten sich das Wasser auf die Augen, die Tauben in die Ohren, die Verrückten haben sich vielleicht den Kopf damit gewaschen. Und die Madonna erlöste alle, nur der Bürgermeister blieb hart und glaubte immer noch nicht daran, und da ließ Gott die Sonne riesengroß werden und alle sind weggelaufen, und die Sonne wollte den Bürgermeister verfolgen. In dem

Augenblick wurden alle geheilt und auch der Bürgermeister wurde geheilt, obwohl er nichts gehabt hat.

Meiner Oma ist Papst Johannes sehr sympathisch, aber uns haben sie in der Schule nur eine
kurze Zusammenfassung vorgelesen und das ist
wirklich zu wenig, damit man es beurteilen kann.
Er wird ja sehr gut gewesen sein, wenn die Oma es
sagt, die immer so streng ist, aber für einen Papst ist
es auch sehr leicht, heiliggesprochen zu werden, so
wie für einen Hauptmann, General zu werden, das
ist sein Beruf.

Ich wüßte eine Menge andere Leute, die ich heilig
sprechen würde. Zum Beispiel Totò, der einen so
sehr zum Lachen bringt und auch die unglücklichen Kinder glücklich macht. Und dann hat er
seine Reichtümer den Armen des Sanità-Viertels
gegeben und hat ihnen sogar ein Heim für die
Hunde gemacht.

Dann wäre da Maradona. Wenn Maradona nicht
Drogen genommen hätte und bei der Weltmeister-

schaft nicht gesagt hätte, leck mich, wenn er seiner Frau nicht Hörner aufgesetzt und jeden Tag träniert hätte, hätte er ein Heiliger werden können.

Weil er soviel für die Armen getan hat: er hat zwanzig Spiele für ganz umsonst gemacht, über tausend leere Schecks unterschrieben, und vor allem hat er die Behinderten der Tribüne glücklich gemacht. Wie er ein Tor geschossen hat, haben die Behinderten ihre Beine in ihren Rollstühlen bewegt und einen Moment lang haben sie geglaubt, auf dem Rasen zu laufen. Und das ist fast wie ein Wunder.

Ganz zu schweigen von Don Riboldi... Don Riboldi ist nie Papst geworden, weil er weiß, daß wenn er von Neapel weggeht, keiner mehr da ist, der es verteidigt.

Er dagegen hat nicht einmal vor Zazo und vor Cutolo Angst. Ja, er ist eines Tages sogar ins Gefängnis gegangen, um dem Cutolo die Beichte abzunehmen und hat ihm sogar die Kommunion gegeben. Wenn Cutolo gewollt hätte, hätte er ihn erwürgen können, weil im Gefängnis ist er der Boss, aber nein, er hat ihm die Hand geküßt und von da an ist er ein bißchen weniger böse geworden. Don Riboldi, hoffe ich, daß er bald stirbt, dann wird er gleich zum Heiligen gemacht.

Heute möchte ich
über die Madonna sprechen

Wie ich von Neapel weg bin, hat die Madonna ein weißes Gesicht gehabt, wie ich in Loreto angekommen bin, war es schwarz geworden.

In Montevergine sagen sie, daß sie die notwendigste Madonna haben, am Carmine, daß sie sie haben, an der Madonna dell'Arco*, daß sie sie haben, jeder gibt mordsmäßig an, daß er die wichtigste hat.

Aber ich weiß, wie die richtige Madonna aussieht: ihre Farbe ist weiß, sie hat einen blauen Mantel und ist die Mutter von Jesus, alle anderen sind ungültig.

Die Madonna war mit dem heiligen Josef verheiratet, der am 19. März geboren war, dem Vatertag, und tatsächlich ist er der Vater von Jesus geworden.

* Drei berühmte süditalienische Sanktuarien

Zur Zeit gibt es eine Sängerin, die sich Madonna nennt und sich gar nicht schämt, den Namen der wahren Madonna zu nehmen! Wenn ich die heilige Jungfrau wäre, würde ich für sie nicht Mutter sein wie für alle anderen, sondern für sie würde ich Stiefmutter sein wie bei Aschenputtel.

Sakramente
und kirchliche Feiertage

Was weißt du über die Taufe?

Heute glauben alle Eltern, daß man ein Kind nur zu taufen braucht, dann ist es schon gerettet und kommt ins Paradies.

Aber ich glaube, wenn ich das mal so sagen darf, daß die Taufe gar nichts nützt, sie dient nur dazu, dem Kind einen Namen zu geben.

Zum Beispiel kommt Hitler bloß weil er getauft worden ist noch lange nicht ins Paradies. Selbst wenn er im Bauch seiner Mutter gestorben wäre, wäre er in die Hölle gekommen, weil Gott, der in die Zukunft sieht, schon wußte, wieviel Böses er getan hat.

Oder der Räuber am Kreuz, den hat Jesus ins Paradies geschickt, obwohl er nicht getauft war.

Ich lasse aber meine Kinder trotzdem taufen, weil man kann ja nie wissen.

Was weißt du über
das Sakrament der Beichte und
über das der Eucharistie?

Die Frauen haben ganz sicher mehr Sünden als die Männer, warum würden sie denn sonst hinter den Löchern beichten gehen? Doch nur, damit man ihre Sünden nicht erfährt.

Die Beichte wäscht uns die Todsünden und die läßlichen Sünden ab und macht uns rein wie die Engel: wenn wir eine Minute nach der Beichte sterben, kommen wir auf dem direkten Weg ins Paradies, wenn wir sterben, während wir beichten, kommen wir ins Fegefeuer.

Dante Alighieri ist der einzige, der an allen drei Stellen gewesen ist, ohne zu beichten.

In der Hostie ist Gott, der sich winzig klein macht, um reinzugehen, und wenn wir die Hostie durchbrechen, kommt das Blut von San Gennaro raus.

Manchmal sage ich Don Cirino nicht alle Sünden, aber dafür gehe ich jeden Tag in die Schule, sogar wenn es regnet.

Hast du schon die Erstkommunion
empfangen? Berichte über
dieses wunderschöne Sakrament

Ich habe die Erstkommunion schon gehabt, aber wenn ich ehrlich sein soll, hat mir nur der mittlere Teil gefallen, weder das Vorher noch das Nachher, nur die Kommunion.

Vor der Kommunion sind die Gebote, der Katechismus, die Proben in der Kirche: etwas zuviel für ein Kind! Das Fräulein von der katholischen Vereinigung, die sie uns lehrt, ist klein und unsympathisch, deshalb hat sie nie einer vergewaltigt. Einmal hat sie mich sogar zum Weinen gebracht.

Padre Giacinto ist lieb zu uns, aber der Mesner nicht. Der glaubt, nur weil er die Glocken läutet, ist er Andreotti und am liebsten würde ich zu ihm sagen: »Don Luigi, Ihr seid eine absolute Null!«

Für mich ist der schönste Augenblick die Kommunion gewesen, wie Jesus in mein Herz gekommen ist: in dem Moment habe ich alle Leute gern gehabt (außer Don Luigi).

Was weißt du über das Sakrament der Ehe?

Die Ehe ist ein äußerst wichtiges Sakrament, weil es zeigt, daß der Mensch sehr viel ernsthafter ist als die Tiere. Die Tiere nämlich essen, trinken und schlafen, aber sie heiraten nie. Ihre Familie ist keine richtige Familie, sie kümmern sich um gar nichts. Ein Löwe zum Beispiel steht gleich nach seiner Geburt auf und läuft einfach weg in den Wald und kümmert sich um seine eigenen Angelegenheiten und keiner aus der Familie hält ihn auf oder schreit ihn an. Ein Menschenkind dagegen braucht bevor es läuft die Hilfe von Mama und Papa, sonst bleibt es immer liegen. Aus dem Grund hat Jesus die Ehe erfunden.

Manche Männer verlieben sich in andere Männer, auch wenn sie die nicht heiraten können. Sie heißen »Homosexuelle«. Viele Junge heiraten sofort, weil sie Kinder wollen. Wenn sie eines oder zwei kriegen, sind sie glücklich, wenn sie fünf oder sechs kriegen, streiten sie herum, wer es gewesen ist.

Wenn man sich in einer Familie nie zankt, will auch der Sohn früh heiraten aber wenn man sich jeden Tag zankt, wie soll er dann? Meinen Vater haben sie gezwungen, bei der Hochzeit von Lucia den Trauzeugen zu spielen; um zwei Goldringe zu kaufen, hat er sich völlig ruiniert.

Ich habe die besten Absichten, früh zu heiraten, nur möchte ich nicht, daß es die Leute aus der Gasse erfahren.

Sonntags nimmt mich mein Vater zur Messe mit und wenn dann die Damen Hosianna singen, glaube ich, daß ich da tausend Jahre lang nicht mehr rauskomme. Die kreischen pausenlos Hosianna, Hosianna, und keiner kann sie bremsen, nicht einmal der oberste Polizeichef.

Der Pfarrer von um halb elf sagt enorme, hochwichtige Worte, aber wer soll die kapieren, diese Worte?

Die Messe hat uns Jesus in seiner Erinnerung hinterlassen, und wenn wir in die Kirche eintreten, treten wir in sein Haus ein und davor soll man Achtung haben. Aber in Pompei dauert es nicht mehr lang, dann sind die Verkaufsstände auch noch in der Kirche drin.

Die schönen Seiten der Messe sind:
— daß da alle Lichter brennen,
— daß da alle duftenden Blumen sind,

– daß wenn einer jeden Sonntag in die Messe geht, er ins Paradies kommt.

Die schlechten Seiten der Messe sind:

– daß man zu lange auf den Knien sein muß,
– daß es an Ostern zu lange dauert,
– daß du mit dem Nachbarn das Friedenszeichen austauschen mußt, den du vielleicht gar nicht leiden kannst,
– daß wenn du nicht tausend Lire in das Körbchen tust, Signorina Rosetta dich schief anguckt.

Wenn Weihnachten vor der Tür steht, kann man schon mal damit anfangen, daß man nur jeden zweiten Tag in die Schule geht. Die Lehrerinnen sind immer mords darauf aus, daß sie die schönste Krippe oder den schönsten Baum machen. Aber im Klassenzimmer, weil wenn sie es im Gang machen, werden sofort alle Kugeln geklaut.

Ich habe letztes Jahr einen gelben Goldfaden gebracht und ihn nicht mehr gefunden, aber ich weiß, wer es gewesen ist, gell, Pasquà?

Wenn Weihnachten vor der Tür steht, ist unser Herz besser, wir müssen denen helfen, denen es schlechter geht: den Alten, den armen Kindern, den Unglücklichen, die in den Blechkästen leben.

Und habt ihr schon mal darüber nachgedacht, daß die schwarzen Straßenhändler gezwungen sind, an Weihnachten, Sternchen zu verkaufen, wo sie doch an Mohammed glauben?

In Chiaiano ist es nicht wie in Niu Jorg, wo wenn es Weihnachten wird, sie die ganze Stadt beleuchten, in Chiaiano ist es schon viel, wenn sie ein paar Glühbirnchen anmachen. Ich erinnere mich, daß da letztes Jahr ein grünes war, das sich immer anzündete und ausging, anzündete und ausging, aber nicht weil ein Unterbrecher drin war, sondern weil es kurz vorm Durchbrennen war.

Für einen winzigen Weihnachtsbaum verlangen sie hunderttausend Lire. Ja, ist der denn aus Gold? Statt daß sie uns an Weihnachten ein bißchen sparen helfen, sind die Geschäfte so knickrich, daß sie die Preise höher machen. Wenn man nach Neapel geht, lassen sie einen nicht mal rein, so voll ist es da. Die vom Upim* kaufen die Kugeln vom Standa* und verkaufen sie zum doppelten Preis, diese Räuber!

* Kaufhäuser (A. d. Ü.)

Von der Befana* ganz zu schweigen. Wenn ein armer Vater aus Chiaiano wegen der Befana nach Neapel geht, sehen die gleich, daß der aus Chiaiano ist und bescheißen ihn. Und verkaufen ihm den Aal, der schon tot ist.

Das beste an Weihnachten ist noch, daß man nicht in die Schule muß.

* Hl. drei Könige, Fest, zu dem Kinder traditionell Geschenke bekommen (A. d. Ü.)

Statt wenn Weihnachten kommt, dran zu denken, daß Jesus geboren ist, denkt der Rest der Welt nur dran, was er essen soll, was er trinken soll und was er verschießen soll. Daheim bei einer Familie neben uns, die Familie Esposito heißt, schicken sie den Sohn, der erst sechs Jahre alt ist, ganz allein in die Schule, um nicht das Geld für den Schulbus auszugeben.

Aber wenn dann die Feiertage kommen, geben sie zweihundert- oder vierhunderttausend Lire für die bengalischen, die kombinierten und die Wunderkerzen aus.

Und ich glaube, daß sie sich an Weihnachten noch nicht einmal bekreuzigen, wenn sie sich an den Tisch setzen.

Ich rede von denen, aber auch meine Familie . . . Mir wollten sie die Enzyklopädie nicht kaufen und haben mich sogar angeschrien, weil ich die Bestellkarte abgeschickt hatte, aber dann am Heiligen Abend und an Weihnachten platzt der Schrank vor lauter Coop-Schachteln.

Welchen christlichen Feiertag
magst du am liebsten?

Der christliche Feiertag, der mir am liebsten ist, ist Ostern. Ostern erinnert uns an den Aufstieg Christi in den Himmel. Christus war in einer Grotte begraben (aber nicht die, in der er geboren ist, eine viel weiter weg) und zwei oder drei römische Soldaten hielten Wache. Eines schönen Moments bewegt sich der Stein und Christus ist auferstanden und erscheint bolzengerade vor ihnen.

Wie die Wachen ihn sahen, kriegten sie gleich zwei Infarkte.

An Ostern stehen so viele Leute bei Padre Gerardo zum Beichten Schlange, daß man denkt, es ist die Kasse vom Mini Market California.

Einmal hat eine Alte laut geredet und ich habe zwei läßliche Sünden gehört, aber ich habe sie keinem gesagt.

An Ostern ist unser Vater endlich bei uns und er segnet uns am Tisch mit dem Palmwedel, und auch ich segne den einen oder andern Elternteil und meinen Bruder. Das Weihwasser haben wir noch vom letzten Jahr, es ist in der Madonna von Lurd.

Das Osterbriefchen lese ich vor oder ich singe es. Bei Tisch essen wir Aufschnitt, Spaghetti mit Oliven und Kapern, Hühnchen, Tortano* und Pastiera**. Die Pastiera ist *mein ein und alles*. Die macht uns Tante Maria, deshalb laden wir sie ein.

Ostern lehrt uns, daß es noch ein anderes Leben nach diesem gibt.

Wenn ich denke, daß ich auferstehe, ist mir der Tod ganz wurscht!

---

* Kranzförmiges Brot, das mit Provolone, Salami, gekochten Eiern, Parmesan und Grieben gefüllt wird.
** Typischer Osterkuchen

Weltliches Zwischenspiel

Was weißt du über die Situation der Frau?

Die Frauen, die Ärmsten, sind nie geschätzt worden.

Zur Zeit der Ägypter waren die Frauen entweder Priesterinnen oder Modelle für die Pyramiden. Der Maler einer Pyramide ließ sie hereinkommen, setzte sie von der Seite hin, mit den Füßen von der Seite und den hochgehobenen Händen von der Seite. Wenn er dann fertig war, ging er weg und ließ sie vielleicht immer noch von der Seite weiter dasitzen.

Nachdem sie Römerinnen geworden waren, kämmten die Frauen die Mütter oder sie kochten Essen. Wenn ein reicher Fürst ins Haus kam und sich auf dem Lager ausstreckte, mußten sie tanzen und Spagat machen. In mittelalterlichen Zeiten trugen sie einen hohen Hut wie eine spitze Tüte auf dem Kopf und einen Keuschheitsgürtel mit Schlüssel. Wenn man diesen Schlüssel aufmachte, waren die mittelalterlichen Frauen genau wie die von heute.

Um achtzehnhundert spielten die Frauen nur Geige, um neunzehnhundert warteten sie auf den Mann, der aus dem Krieg zurückkam. Wenn zwei oder drei Monate vergingen und er noch nicht da war, warteten sie nicht mehr und nahmen sich einen anderen.

Auch die modernen Frauen zählen obwohl sie modern sind nichts. Zum Beispiel: warum gibt es in dieser Klasse zwanzig Buben und nur zwei Mädchen? Dann soll man doch gleich *der* Schule sagen und nicht *die* Schule!

Es gibt so viel Ungerechtigkeit
auf der Welt; warum,
glaubst du, läßt Gott dies zu?

In Indien gibt es viele Kühe. Aber man schlachtet
sie nicht, weil man sagt, daß sie heilig sind, und in
der Zwischenzeit sterben die indischen Kinder vor
Hunger. Wenn ich der Besitzer einer indischen
Kuh wäre, würde ich sie sofort zum Schlachten
bringen und die so gewonnenen Stücke hinter dem
Rücken der höchsten Priester den hungrigen Kindern geben.

Busch spielt sich als Boss auf, weil er viele Dollar
hat und macht Krieg mit Irak, weil er behauptet,
daß er Kuhwait helfen will, aber er hat kein Mitleid
mit den Negern, und es ist alles gelogen. In Italien
schicken sie dich, wenn du Soldat wirst, nach Sardinien, um dich dafür zu strafen, daß du in Neapel geboren bist.

Jeden Tag stirbt in der dritten Welt eine Million,
weil sie Hunger haben. Die dritte Welt hat den
Bauch voller Luft und Gas, und die erste und die

zweite Welt haben den Bauch voller Spaghetti, Fleisch, Klopsen, Bratfisch und Soße.

Wenn der dritte Weltkrieg ausbricht, bricht er aus, weil die dritte Welt ihn ausbrechen läßt, deshalb heißt sie dritte. Und recht hat sie! Wenn er ausbricht, kämpfe ich mit den dritten.

Was weißt du über Romulus und Remus?

Bevor Romulus und Remus geboren sind, war von Rom noch überhaupt nichts da. Es gab nur das Land, den Tiber und Leute, die nichts damit zu tun hatten.

Plötzlich hat eine gewisse Rea Silvia einen Sohn gekriegt. Sie hat ihn hinter dem Rücken aller mit ihrem Onkel Mars gemacht. Anfangs war es nur einer, und sie nannten ihn Romulus, aber dann kam noch ein anderer aus dem Bauch, und sie nannten ihn Remus. Aber Rea Silvia war eine Priesterin und konnte keine Kinder gebären, schon gar nicht ein Paar. Da hat ein Sklave Romulus und Remus nachts genommen und in einem Korb auf den Tiber getan, vielleicht weil er von Moses gehört hatte.

Das Körbchen blieb auf einem Strand liegen, und eine Wölfin, die dort wohnte und vielleicht keine Kinder bekommen konnte, adoptierte Romulus und Remus und säugte sie. Vielleicht haben Romulus und Remus anfangs ein bißchen wie der Wolfsmensch ausgesehen.

Als die Zwillinge groß wurden, beschlossen sie, daß jeder sich um seinen eigenen Scheiß kümmern sollte.

Romulus zeichnete mit Kreide eine Linie auf den Boden, und keiner durfte die überschreiten, nicht einmal Remus. Aber Remus tat aus Trotz einen ganzen Fuß drüber, und Romulus wurde furchtbar wütend und tötete ihn.

Von dem Augenblick an war er der einzige Zwilling Italiens. Dann wischte er den Strich weg und baute an seiner Stelle eine Stadt und gab ihr seinen Namen, aber ein bißchen anders, weil alle italienischen Städte weiblich sind.

Dann rief er die Bauern aus der Gegend und sagte zu ihnen, ob sie Römer werden wollten, und die sagten ja. Aber es waren alles Männer, und sie haben auch Frauen gebraucht, weil man ohne Frauen keine Römer machen konnte. Da haben sie ihre Nachbarn angegriffen und alle Sabrinerinnen geraubt.

Sie raubten sie nachts, weil man die Kinder

nachts macht. Die Sabrinerinnen stellten sofort viele Römer her und seither gibt es immer neue.

Als Rom von den Barbaren besiegt wurde, hat das auch den Lazio-Fans leid getan.

Theologische
und moralische Probleme

Gott ist ein Gekreuzigter, der die Miezchen, die Hündchen, die Eichhörnchen und von mir aus auch die Schule geschaffen hat. Er ist edel, ein Gigant, dem keiner zu nahe treten darf. Er ist in der Hostie vom Padre Vincenzo drinnen.

Der Teufel ist eine Person, die um jeden Preis das Böse will, er ist nicht wie Gott, sondern viel schlechter.

Der Teufel ist ein verfluchtes Schwein, wie man kein zweites findet, das ist er nämlich.

Gott ist der Direktor der Schöpfung und hat die Welt, das Meer, die Sterne, die Blumen auf der Erde gemacht, er lebt im Himmel wie ein großer Herr und hat noch nie eine Krankheit gehabt.

Er ist der Ewige Vater aller Menschen und hilft auch denen, die es nicht brauchen.

Der Teufel ist ein Mistkerl, ein Dreckschwein, er hat noch nie was Gutes gemacht und bis jetzt immer nur alle enttäuscht. Er sagt immer nur Ausdrücke, und was für welche.

Der Teufel trägt einen roten und gelben Anzug, ist Besitzer von zwei roten Hörnern, und sein Schwanz endet wie die indianischen Pfeile.

Gott ist einer, der Wunder getan hat, damit er berühmt wurde.

Er ist die erste Person der zehn Gebote und trägt alle Schlechtigkeiten der Welt auf seinen Schultern. Und der Teufel erfindet immer nur neue, statt daß er ihm mal hilft. Armer Gott!

Die Teufel sind ein Haufen von Sauhunden, die uns unbedingt Böses antun wollen, sie sind es, die unter der Führung des Satans den Krieg ausbrechen lassen, den Tod, den Norden gegen den Süden, die Ligen.

Aber wer erlaubt ihm das eigentlich?

Wie stellst du dir das Paradies und
die Hölle vor?

Das Paradies stelle ich mir wie eine riesige himmelblaue Wolke vor, mit Jesus und der Madonna drauf, roten Rosen, die aufblühen und Engeln, die rumfliegen und singen. Und da erscheint Gott, und alle sind gezwungen, gut zu werden.

Die Hölle ist ein schwarzes Loch voll mit Feuer und Insekten, Spinnen, Schlangen, Mäusen und Fledermäusen. Der Teufel wohnt ganz unten und knurrt.

Es ist kein einziges Kind da, dafür aber alle Verbrecher aus der Gegend, die Mörder, die Drogenhändler, die Geizigen und mein Hausbesitzer. Auch Hitler ist da, Caligula, der Pharao von Ägypten (Garibaldi nicht, denn der war gut) und die Damen vom *Colpo Grosso**. Und alle miteinander weinen von morgens bis abends.

---

* Äußerst freizügige Fernsehsendung (A. d. Ü.)

Wie stellst du dir die Hölle und
das Fegefeuer vor?

Die Hölle stelle ich mir als einen Ort vor, wo man nur Dialekt spricht.

Das Fegefeuer stelle ich mir als einen sehr unangenehmen Ort vor, wo sehr viel über die Hölle rumgemunkelt wird.

Dem Fegefeuer und der Hölle ziehe ich das Paradies vor.

»Speiset die Armen.«
Meinst du, daß dieses Gebot heute
eingehalten wird? – 1

In Afrika und in Indien gibt es viel mehr Tote als Geborene, wegen dem Hunger auf der Welt.

In Afrika und in Indien spazieren sie einer ärmer als der andere auf den Straßen rum, aber wenn sie eine Kuh vorbeikommen sehen, dann bekreuzigen sie sich, statt sie zu essen, weil sie glauben, daß sie Gott ist. Und so schnüren sie den Gürtel enger, aber niemand gibt ihnen nie etwas.

In Arzano haben wir mehr Herz als alle anderen, und sogar wenn uns der Bauch knurrt geben wir, wenn die Damen vor die Tür kommen, mehr Geld für die Armen, als Amerika und Rußland zusammen.

Warum helfen diese Heuchler nicht den Völkern, die vor Hunger sterben, statt die Sternenkriege vorzubereiten?

»Speiset die Armen.«
Meinst du, daß dieses Gebot heute
eingehalten wird? – 2

Die Frau Doktor Tirone*, diese schamlose Sau, kommt mit ihrer Abmagerungskur daher, wo sie doch in Afrika am Hunger verrecken.

---

* Bekannte neapolitanische Ernährungswissenschaftlerin

Warum darf man Tiere nicht mißhandeln?

Einmal haben in meiner Nähe zwei gemeine Kerle die Schwänze von zwei Köterchen so miteinander verwickelt, daß diese Ärmsten nicht mehr auseinander konnten. Es gibt Leute, die die herumstreunenden Hunde fangen, um Experimente zu machen, und den Löwen geben sie Drogen, damit sie im Zirkus Faxen machen.

Im Zoo von Neapel sind zwei Löwen, die sind nur noch Haut und Knochen, und drei Affen, einer hat meinem Onkel ins Gesicht gespuckt. Es war ein sehr großer Affe mit einem roten Bauch.

Meiner Meinung nach ist es nicht richtig, die Tiere wie Bestien zu behandeln, die Vögel in Käfige zu tun, die Esel zu schlagen und die Schildkröten auf den Rücken zu legen. Denn mir gefallen alle Tiere der Welt. Nur die Schaben nicht, wenn ich die bloß sehe, ekelt es mich.

Wir alle müssen diese Erde
eines Tages verlassen...

Mein Opa ist gestorben, wie er mitten im Bett saß. Er war im Schlafanzug und fünfundsiebzig Jahre alt, wie er gestorben ist.

Ich weiß nicht, ob er ins Paradies oder in die Hölle kommt, ich glaube, ins Paradies, weil er ja schon im Krieg war, schon in Neapel geboren ist und schon mit meinem Onkel gearbeitet hat.

Die einzige Sünde von meinem Opa war, daß er immer auf die Straße gespuckt hat und die Afrikaner ziemlich gefressen hatte. Meine Tante, die eine alte Heulsuse ist, sagt, daß der Tod der Lohn für ein Leben voller Schmerzen ist, aber da wir alle ein bißchen Hosenscheißer sind, haben wir trotzdem Angst.

Man kann entweder gleich oder immer ein bißchen mehr sterben, ich hoffe für mich, immer ein bißchen mehr, dann kann ich mich daran gewöhnen.

Wenn du Gelegenheit hättest,
mit dem Papst zu reden,
was würdest du ihn fragen?

Wie ich mal mit meinem Vater in Rom war, bin ich ganz nahe beim Papst gewesen. Ich bin bis zu den Schweizer Garden gekommen, weiter ging es nicht.

Bei den Schweizer Garden wußte ich nicht so genau, ob die echt oder falsch waren, weil sie so unbeweglich dagestanden sind, und ihr Anzug sah aus wie der Schlafanzug von einem König.

Die Schweizer Garden lächeln auch.

Hinter den Schweizer Garden wohnt der Papst. Der Papst ist der Direktor der Kirche und kommt gleich nach Gott, den Heiligen und den Engeln. Der moderne Papst heißt Papst Johannes Paul II., und bevor er Papst in Rom wurde, war er Pole.

Wenn ich mit ihm reden könnte, würde ich ihm alle meine Gedanken sagen und zwar:

– warum er nie mit sich reden läßt, wo doch Jesus mit allen gesprochen hat,

– warum, wenn der heilige Franziskus ganz arm gewesen ist, er ganz reich ist,

– warum er immer zum gleichen Balkon rausguckt,

– ob er ein Fan von Italien oder von Polen ist.

Dann würde ich auch noch gern wissen, wer ihm eigentlich die Beichte abnimmt.

Was ist die Seele?

Was die Seele ist, kann man nicht sagen, weil man sie nicht sieht. Die Seele ist das, was jeder glaubt, daß sie ist. Die alten Ägypter zum Beispiel glaubten, daß die Seele einen Menschenkopf und einen Vogelkörper hatte. Sie kam aus dem Mund des Lebendigen in dem Moment heraus, in dem er sich in einen Toten verwandelte. Sie war unsichtbar, und niemand konnte sie fangen oder fotografieren. Aber woher haben sie dann eigentlich gewußt, daß sie Federn hatte?

Die alten Griechen dagegen glaubten an die Wiedergeburt: dies bedeutet, daß die Seele eines Toten gerade in dem Augenblick in den Körper eines Lebendigen reingeht, wenn der geboren wird. Aber wenn dieser Lebendige schon seine eigene Seele hat, was machen sie dann? Zwei Seelen in einem Körper? Was für ein Quatsch, diese Griechen!

Mein Onkel glaubt an gar keine Seele, vielleicht

weil sie ihn so spät getauft haben. Aber wie ihm mal zwei Zeugen Jehovas auf der Straße begegnet sind und ihn gefragt haben: »Aber Christus, was hat der für Sie getan?« da hat er fuchsteufelswild geantwortet: »Das ist mein Scheiß, kümmert euch um euer eignes Seelenheil!«

Der Teufel ist der Vater des Heroins.

Er ist eine schadhafte rote Schlange, hoch schlau und sieht keinem ins Gesicht, wenn er einen in Versuchung führen will. Er hat sogar Jesus in der Wüste in Versuchung geführt. Was ich bloß nicht verstehe, ist, warum Jesus ihm nicht gleich einen Tritt in den Hintern gegeben und ihn vom Gebirge runtergeschmissen hat.

Der Teufel hört nie damit auf, die Menschen in Versuchung zu führen. Der Teufel ist an allen Übeln meiner Stadt schuld. Wenn meine Stadt jeden Morgen zum Beten in die Kirche gehen würde, würden wir nicht so im Dreck stecken.

Wenn die von der Mafia gehen, um einen umzubringen, beten sie daheim vorher zum Satan.

Bevor ich zum Schlafen in mein Stockbett gehe, sage ich jeden Abend mein Reuegebet.

Mein Gott, ich bereue und lege von ganzem Herzen meine Sünden ab, weil ich betend deine Strafe verdient habe und vielmehr gegen euch gesündigt, der ihr unendlich gut und würdig, mehr als alles andere geliebt zu werden, ich schlage mit deiner heiligen Hilfe vor, nicht mehr gegen dich zu sündigen, die nächsten Gelegenheiten zur Sünde zu meiden, Herr, sag du, Erbarmen.

Wie könnte man der Welt helfen?

Um der Welt zu helfen, habe ich sehr viele Ideen, wenn der Herr nur auf mich hören würde.

Als erstes würde ich mich um Neapel kümmern, denn es hängt uns wirklich zum Hals raus, wie es zugerichtet ist, vor allem Chiaiano, wo ich wohne. Ich würde zum Herrn sagen: »Bitte, sieh dir das doch mal an, wie es hier zugeht und faß da mal rein.« Dann würde ich zu ihm sagen, ich meine zum Herrn, er soll alle Camorristen verjagen, vor allem die die töten und nachts mit der Spreidose in die Häuser kommen und spritzen, daß wir dann einschlafen. Wie es meinem Vetter passiert ist, wo sie alles aus dem Glasschrank genommen haben, und zum Glück hat er das Hauptgeld in dem Versteck gehabt, das nur wir kennen. Und dann würde ich auch noch drum bitten, daß nicht immer so ein Wahnsinnsverkehr wäre, vor allem samstags und sonntags.

Für meine Schule hätte ich gern einen Spielplatz und eine Turnhalle und etwas mehr Anstand. Und ich möchte eine Sammlung für die armen Kinder auf der Welt machen, aber das Geld würde ich nicht Cossiga geben und auch nicht dem Papst, der es bestimmt Polen geben würde, ich würde es dem Pfarrer von Chiaiano geben, der bestimmt unseren eigenen Armen helfen würde.

Vor einer Million Jahren hat keiner dran geglaubt, daß Jesus der Sohn Gottes war, sie glaubten ans Feuer, an den Wind, an den Regen, an alle vorgeschichtlichen Schauspiele. Im Laufe der Zeit wurden die intelligentesten Völker Teil der ersten Kulturen, und die anderen haben zugeguckt.

Das erste Volk waren die Ägypter. Die Ägypter beteten viele Tiere an: die Katze, die Maus, den Hund, das Krokodil usw. Sie stopften die Toten mit Sägemehl aus, wickelten sie fest ein und nannten sie »Mumien«.

Aber wenn die Mumie dann ihren Göttern begegnet ist, wie konnte sie da auf die Fragen antworten, wenn ihre Zunge zugebunden war? Hat sie genickt und den Kopf geschüttelt?

Die alten Römer waren nicht intelligent wie heute. Heute glauben sie an den italienischen Gott, aber früher glaubten sie an die der Griechen, die für jeden einen Gott hatten, also wirklich für jeden. Wie Bacchus für die Betrunkenen, Merkur für die Diebe und Venus für die Nutten usw., die dann später Planeten geworden sind.

Wenn wir einen Moslem sehen, sollen wir nicht gleich lachen. Weil der einzige, der wirklich existiert hat der Mohammed gewesen ist. Wenn Mohammed nicht so verspätet geboren wäre, wäre er jetzt unser Gott. Er hat viele richtige Dinge gesagt, wie daß man sich gegenseitig lieben muß und zu allen Beerdigungen gehen, denen man begegnet. Sein einziger Fehler war, daß er das Maul ein bißchen zu weit aufgerissen hat und sich die Haare und die Augen wie ein Mädchen gefärbt hat.

Aber nur unser Gott ist echt. Er ist ja auch früher als alle anderen geboren!

Was weißt du über
den Buddhismus, den Islam und
den Konfuzianismus?

Beginnen wir mit dem Buddhismus, der wirklich der blödeste ist.

Der Buddhismus stellt einen Buddha mit einem Bauch dar, der schlimmer ist als der von Paolo Villaggio und statt daß sie kapieren, daß Gott nicht einen so fetten Bauch haben kann, glauben sie an ihn und beten ihn sogar an.

Die Mönche des Buddhismus haben alle einen rasierten Kopf, was wir einen Kahlschlag nennen, und heißen Bonzen, was aber nicht so ein schlimmes Wort ist.

Der Buddhismus ist schuld, daß man in Indien die Kühe nicht ißt, die für sie unsere Heiligen sind, und die Kinder sind wegen diesen Heiligen ganz ganz dürr.

Das einzig Gute an Indien ist, daß dort alle arm sind, da haben sie wenigstens nicht soviele Gangster wie bei uns.

Und Mohammed ist auch so einer! Wegen ihm brechen immer die Kriege im Golf aus, sie haben sogar die Kreuzzüge gegen uns gemacht! Die Frauen sehen keinem ins Gesicht wegen den Schleiern, man sagt, daß sie unrein sind, naja eben das Gegenteil von den indischen Kühen.

Für jeden getöteten Christen geht ein Mohammedaner ins Paradies. Sie sind schuld, wenn früher oder später der Weltkrieg ausbricht. Und wie sie auch noch das Maul aufreißen, bloß weil sie das Erdöl haben, diese frechen Kerle!

Der einzige, der nach uns noch irgendwie durchgeht, ist logisch der Konfuzianismus. Der oberste des Konfuzianismus war Konfusius. Konfusius sagte wunderschöne Sätze, die wir ins Heft geschrieben haben: »Gibt es ein Heilmittel, warum zürnest zu? Gibt es kein Heilmittel, warum zürnest du?«

Nur schade, daß Konfusius zu chinesisch war.

Fluchen ist eine schwere Sünde.
Wenn du jemanden fluchen hörtest,
wie würdest du dich verhalten?

Um es gleich von vornherein zu sagen, in meiner Gasse fluchen alle. Auch in dieser Klasse fluchen sie, von der 4b ganz zu schweigen! Beim Biliard fluchen sie wie die Türken wegen den Punkten. Don Mario läßt seinen Piephahn raushängen.

Ich habe in meinem ganzen Leben noch nie geflucht, nur ein paar Ausdrücke. Don Mario flucht bloß deshalb nicht, weil er stottert, aber wenn der nicht stottern würde, meine Fresse, wie der fluchen würde!

Er pussiert auch rum, und wenn die Luisella vorbeigeht, kriegt er einen Steifen.

Ich würde die die fluchen ja auch anschreien, aber ich habe Angst, daß sie mich schlagen.

Was ist für dich ein Skandal?

Ein Skandal ist, vor Kindern eklige Sachen in Fleisch und Blut oder im Fernsehen zu machen.

Einen Skandal in Fleisch und Blut habe ich noch nie gesehen, aber ich sehe sie oft im Fernsehen. Zum Beispiel Striscia la Notizia, wo diese Krankenschwester sowohl oben wie unten den ganzen Laden draußen hat. Und diese runden Dinger sind wirklich ein Skandal. In Crem Caramel ist die künstliche Frau eine Tunte und von Colpo Grosso ganz zu schweigen: da überblickt man die ganze, wirklich die ganze Situation.

Ich sehe diese Sendungen nie an, das schwöre ich, aber wenn man mit der Fernbedienung rummacht, kann man immer ein paar Schweinereien mitkriegen.

Wie beurteilst du die Rolle des Priesters?
(Verstreute Gedanken)

Ich für mich glaube, daß es gar nichts Besseres auf der Welt gibt, als Priester zu werden.

Du ißt, trinkst, schläfst, kaufst keine Kleider, hast keine Frau am Hals, keine Kinder, keine Verwandten, zahlst keine Miete.

Und am Schluß kommst du auch noch ins Paradies.

Ich habe mal einen Priester gekannt. Zuerst war er anständig.

Er hielt jeden Tag Messe, verteilte die Kommunion.

Aber dann eines schönen Tages hat er sich verlobt, und da hat jeder gesagt, was für eine Enttäuschung!

Die Priester sind komische Mannsbilder.

Die Priester fangen so an, dann machen sie Karriere, und am Schluß werden sie Päpste.

Bevor ich sterbe, werde ich Priester, so rette ich meine Seele.